BLWYDDYN Y FFLAM

Blwyddyn y Fflam

Elin Haf Davies

Golygydd: Lyn Ebenezer

Argraffiad cyntaf: 2012

(h) Elin Haf Davies/Gwasg Carreg Gwalch

Rhif rhyngwladol: 978-1-84527-397-2

Mae'r cyhoeddwyr yn cydnabod cefnogaeth ariannol
Cyngor Llyfrau Cymru

Cynllun clawr: Tanwen Haf

Cyhoeddwyd gan Wasg Carreg Gwalch,
12 Iard yr Orsaf, Llanrwst, Conwy, LL26 0EH.
Ffôn: 01492 642031 Ffacs: 01492 641502
e-bost: llyfrau@carreg-gwalch.com
lle ar y we: www.carreg-gwalch.com

Blwyddyn y Fflam

Cyflwynedig
i bob un sydd ar y moroedd mawr

Awst 2011

Wynebu'r anwybod

The sea, once it casts its spell, holds one in its net of wonder forever.
Jacques Yves Cousteau

Pan gyrhaeddodd mis Awst fedrwn i ddim credu fy mod i ar fin cychwyn ar un o rasys hwylio mwyaf cystadleuol y byd, yn enwedig o gysidro nad oedd ond pedwar mis ers y tro cyntaf erioed i mi sefyll mewn cwch hwylio ar gyfer rasio!

Doedd o ddim yn hollol ddamweiniol, wrth gwrs. Ro'n i wedi bod yn pori drwy'r we am gyfleoedd addas i gael dianc i wynt y môr unwaith eto ers cryn amser. Daeth un posibilrwydd arbennig i'r amlwg – Ras Hwylio Rolex Fastnet oedd yn cychwyn ar 14 Awst. Golygai hwylio 608 o filltiroedd o Cowes ar Ynys Wyth ar hyd y Sianel at greigiau Fastnet i'r de o Iwerddon cyn dychwelyd yn ôl tuag at Plymouth.

Mae'r ras hon yn enwog oherwydd trychineb 1979, pryd y collodd pymtheg o'r cystadleuwyr eu bywydau mewn storm enbyd. Hyd yn oed i'r hwylwyr mwyaf profiadol, mae'r ras yn nodedig am fod yn un galed oherwydd y tywydd anwadal na ellir ei rag-weld. Nodwedd arall yw'r llanw cryf yn y darn yma o fôr. I rywun dibrofiad fel fi, fe fyddai hi'n siŵr o fod yn her a hanner.

Ers dychwelyd o'r fordaith ar draws Cefnfor India,

roeddwn yn ysu am gael bod allan ar y tonnau unwaith eto, ond roeddwn angen cyfle a fyddai'n cyfuno efo gorfod gweithio'n llawn amser. A hon yn ras a ddylai gymryd rhwng pedwar a phum diwrnod i'w chwblhau, roedd hi'n bosib cymryd rhan ynddi heb bechu pawb yn y gwaith drwy ofyn am gyfnod maith o amser i ffwrdd unwaith eto. Roedd yr apêl yn fawr, felly.

Wedi chwilio'r we roeddwn wedi darganfod Peter Newlands a'i gwmni a oedd yn cynnig cyfle i gael gwersi hwylio yn y rasys rhagbrofol, gyda lle ar y cwch ar gyfer ras y Fastnet yn wobr am lwyddo. Mae Peter Newlands o Seland Newydd yn hwyliwr llwyddiannus, ac yn un sydd wedi ennill medalau Olympaidd. Ond roedd y cyfan yn costio tair mil o bunnau – arian nad oedd gen i, a dweud y lleiaf, yn enwedig a minnau'n dal i dalu dyledion costau'r daith ar draws Cefnfor India. Ond roeddwn i'n ysu am gael mynd yn ôl allan ar y môr. Yr unig rwystr amlwg oedd y ffaith fach honno nad oedd gen i unrhyw syniad sut oedd hwylio! A heb dair mil o bunnau i dalu am y profiad. Ac efo dim ond wyth mis tan ddechrau'r ras, roedd yn dipyn o fynydd i'w ddringo i sicrhau'r cyfle i fod yn rhan ohoni yn y lle cyntaf.

Yn sicr, fyddwn i ddim wedi rhag-weld mai yn y Royal Ocean Racing Club (RORC) y byddai'r cyfle'n troi'n bosibilrwydd. Mae hwn yn glwb moethus iawn ar gyrion parc St James yng nghanol Llundain. Ac yno, unwaith y flwyddyn, bydd aelodau'r clwb yn cwrdd ar noson benodol er mwyn dewis criw i gystadlu am weddill y tymor.

Peter Newlands wnaeth fy nghyflwyno i'r rhan fwyaf o fynychwyr y clwb y noson honno. Yno roedd ambell gapten yn chwilio am griw profiadol a phawb arall yn chwilio am y cyfle i gael ymuno â chwch cystadleuol. Ar ddiwedd y noson, a minnau'n dechrau sylweddoli fy mod i'n llawer rhy ddibrofiad i fod yno, cyflwynodd Pete fi i'r Comodôr Andrew McIrvine. Llawfeddyg yw Andrew, ac ar ei flwyddyn olaf fel Comodôr y clwb. Roedd o am wneud yn siŵr, felly, y byddai'n ennill gwobrau lawer efo criw profiadol.

Gwrandawodd braidd yn ddryslyd arnaf yn adrodd fy mhrofiadau'n rhwyfo ar draws cefnforoedd Iwerydd ac India, a'm hawydd i gystadlu yn y Fastnet. Ni wnaeth ymateb rhyw lawer ac aeth y sgwrs yn ei blaen i drafod fy ngyrfa, a'i arbenigedd o fel llawfeddyg. Ar ddiwedd y sgwrs rhoddodd ei gerdyn busnes i mi a gwahoddiad i gwrdd â'r rhai oedd ar y rhestr fer i fod yn aelodau o'i griw.

Fis yn ddiweddarach roeddwn yn ôl yng nghlwb RORC yn eistedd o amgylch bwrdd mawr efo dau ar hugain o ddynion a oedd yn awyddus iawn i fod yn aelodau o'r criw. Wrth i bawb ddechrau cyflwyno'u hunain, dechreuodd panig llwyr fy meddiannu, gorff ac enaid. Un ar ôl y llall, adroddodd pawb hanes eu blynyddoedd o brofiad hwylio a rhestru degau o rasys llwyddiannus. Curai fy nghalon yn fy ngwddw a dechreuodd gwrid ledu dros fy wyneb. Beth ar wyneb y ddaear wnaeth fy mherswadio i fod yno? Sylweddolais yr eiliad honno fod hyn ar yr un lefel â phenderfynu dysgu gyrru a mynd at rywun o Fformiwla 1 i ofyn am wersi!

Pan ddaeth fy nhro i gyflwyno fy hun roeddwn yn goch fel tomato ac yn llawn embaras am fy hyfdra. Melltithiwn fy hun am hyd yn oed meddwl bod yno. Ac efo ceg sychach nag anialwch y Sahara y dechreuais siarad. Doedd gen i ddim profiad hwylio gwerth sôn amdano, felly dywedais yr unig beth gweddol addas y medrwn feddwl amdano:

'I'm very good at making cups of tea in rough seas.'

Pa ddyn fedrai wrthod y ffasiwn sgìl? Ond doedd dim angen unrhyw wybodaeth am hwylio i fedru rhesymu na fedrai tri hwyliwr ar hugain ffitio i ddeg lle ar y cwch, ac nad oedd gwneud te yn debygol o fod yn uchel iawn ar y rhestr o anghenion.

Aeth pethau i edrych yn dduach fyth (os oedd hynny'n bosib) ar fy ngobaith o hawlio fy lle pan gyflwynwyd Andrew Jason i mi ar ddiwedd y noson, yr ail mewn awdurdod a'r dyn fydddai'n gyfrifol am y tactegau.

'You're Welsh?' gofynnodd.

Dywedais fy mod i. Aeth yntau yn ei flaen:

'Our family had a house in Dolgellau until the Sons of Glyndŵr burnt it down!'

'Oh!'

Ond, yn rhyfeddol, daeth gwahoddiad i ymuno efo Andrew ar *La Réponse*, cwch First Bénéteau deugain troedfedd i gystadlu efo'r criw dros benwythnos y Pasg mewn rasys oddi ar arfordir Cowes ar Ynys Wyth. A dyna oedd dechrau'r profiad agosaf gaf fi i fod ar y rhaglen deledu *The Apprentice*. Ras ar ôl ras, gadawodd un neu ddau hwyliwr ac ymddangosodd wyneb neu ddau arall yn eu lle. Ar ddiwedd pob penwythnos disgwyliwn weld y bys mawr hir yn pwyntio tuag ataf efo'r geiriau 'You're fired' yn atseinio yn fy nghlustiau. A gollyngwn ochenaid fawr o ryddhad pan âi ras arall heibio heb i mi brofi hynny.

Treuliais yr holl amser yn ymdrechu'n deg i wrando'n astud ar y cyfarwyddiadau a'r sgwrs drafod. Ie, Saesneg oedd pawb yn siarad, ond doeddwn i'n deall dim. Mae gan hwylwyr eu hiaith eu hunain – geiriau technegol a geiriau nad oedd yn golygu dim i mi. Tydyn nhw ddim yn galw rhaff yn rhaff hyd yn oed! Roedd o'n waeth na bod mewn gwlad dramor yn clustfeinio'n astud mewn ymdrech i ddallt gair neu ddau er mwyn medru dilyn rhyw ychydig ar y sgwrs a'r cyfarwyddiadau, o leiaf.

Canolbwyntiais ar y tasgau a roddwyd i mi, a gweddïo bob eiliad na wnawn i smonach o bethau. Dim ond pedair tasg a roddwyd i mi. Y fi oedd yn gyfrifol am neidio i mewn drwy hatsh bach i waelodion y cwch pan fydden ni'n newid y *spinnaker*. Hwyl fawr iawn o ran maint ar flaen y cwch a

10

ddefnyddir pan fydd y gwynt yn gwthio o'r tu cefn i ni yw'r *spinnaker*. Roedd rhaid i mi dynnu metrau ar fetrau o ddefnydd gwyn ar fy ôl, mor gyflym ag y medrwn i nes oeddwn i'n mygu. Roedd fy myd yn un hwyl wen. Rhaid oedd cyflawni'r cyfan mor gyflym â phosib er mwyn sicrhau nad oedd cornel o'r hwyl yn disgyn i'r dŵr gan arafu'r hwylio. Wedyn, rhaid oedd pacio pob modfedd ohoni mewn dull arbennig a fyddai'n sicrhau y byddai'n rhedeg allan yn rhwydd ac yn gyflym, heb dro na chwlwm y tro nesaf y byddwn ei hangen. Bryd hynny, yng ngwaelodion y cwch, diolchais ganwaith fod stumog gref fel rhai o wartheg Dad gen i ac nad oedd symudiadau gwyllt y môr yn achosi i mi fod yn sâl.

Ond ychydig iawn o amser a dreuliais yn gwneud hyn mewn gwirionedd. Treuliais y mwyafrif mawr ohono'n eistedd efo gweddill y criw ar ochr ucha'r cwch, a'n coesau'n hongian dros yr ochr mewn ymdrech i gadw cydbwysedd gwastad. Bob tro y byddai angen newid cyfeiriad, byddai'n rhaid cropian yn gyflym ar draws y dec i'r ochr arall. Roedd hwn yn symudiad o ryw ddau fetr, sy'n swnio'n llawer haws nag oedd o mewn gwirionedd. Rhaid oedd amseru'r symudiad yn berffaith, a phob un ohonom yn gorfod symud gyda'n gilydd ar yr union eiliad, felly roedd penelin yn taro trwyn a throed yn sefyll ar fys bach yn amlach na pheidio. Ond doedd yna ddim pwynt dechrau symud yn rhy fuan gan fod dringo'r ongl serth yn anoddach na dringo'r Eiger mewn sgidiau bale. A doedd aros i fod yn olaf ddim yn help chwaith gan y byddai'r ongl ddisgyn bellach yn serth iawn. Dim ond bar bach cul oedd ar ddiwedd y daith i'n rhwystro rhag cael ein hyrddio ymlaen i'r ochr arall – ac i mewn i'r môr. Oedd, roedd hyn yn hwyl!

Roeddwn i wedi meddwl fy mod i'n eithriadol o gystadleuol erioed, ond mewn cymhariaeth â'r lefel gystadleuol ar *La Réponse* doeddwn i'n ddim. Roedd pob eiliad yn bwysig ym mhob ras, a rhaid fyddai gochel rhag amharu ar ddim a fyddai'n debygol o gynorthwyo i symud y cwch yn gynt.

Roedd pob ras yn mynd yn hirach ac yn galetach wrth i'r tymor fynd yn ei flaen, a'r rhan fwyaf ohonynt yn para hyd at wyth awr a deugain – amser hir iawn i fynd heb fawr ddim cwsg, a deg pâr o lygaid bygythiol yn syllu arnaf bob tro y byddwn i'n gorfod symud i fynd i'r tŷ bach. A deg llais yn gweiddi'n groch bob tro y byddwn i'n sefyll yn y lle anghywir, yn datod y rhaff anghywir neu'n baglu dros ryw offer pwysig – digwyddiadau cyson a rheolaidd, yn anffodus! Yr unig ddihangfa o ryddhad oedd cael cilio i berfformio fy nhasg arall ar y cwch – gwneud paned o de i bawb. O gysidro pa mor araf roedd fy sgiliau hwylio'n datblygu, mae'n debyg mai fy ngallu i wneud te ac i wenu ymhob sefyllfa a sicrhaodd fy lle yn y tîm. Diolch byth fod ar bob tîm angen pobl o bob gallu, a rhai sy'n fodlon gwrando'n ufudd ar y gorchmynion heb ddadlau. Dyna'r unig beth a oedd gen i i'w gynnig i'r criw mewn gwirionedd.

Does yna ddim byd all wneud i chi deimlo'n fwy o ffŵl na dechrau hobi newydd, a hynny yng nghwmni dynion profiadol sydd wedi bod wrthi ers blynyddoedd maith. Y gwir amdani oedd na fedrwn i wneud dim heb gam-ddallt neu wneud camgymeriad. Roeddwn i'n teimlo fel ffŵl gydol yr amser. Ras ar ôl ras, byddai lleisiau'n atsain o gefn y cwch:

'Na, Elin! Dim hwnna, Elin! Elin – STOP!'

Dim dwrdio a bytheirio mewn gwylltineb o ddifri, ond digon o weiddi i wneud yn siŵr na fedrwn i wneud gormod o gawlach o bethau.

Pa ferch gall yn ei thridegau a fyddai'n dewis treulio penwythnosau cyfan, sawl gwaith mewn mis yn cael criw o ddynion yn gweiddi arni? Wn i ddim. Ac i'r rhai sydd yn fy adnabod i'n dda, dwi'n amau na fedren nhw gredu fy mod wedi derbyn y ffasiwn beth heb gega'n ôl! Ond mi wnes i. A hynny am nad oedd gen i ddewis arall os oeddwn i am ddysgu. Roeddwn i'n cael boddhad o ymdrechu i ddysgu sgìl newydd, amsugno'r holl wybodaeth gan griw profiadol ac ymateb i her arall.

Doedd yr hwylio ddim yn bleser i gyd, o bell ffordd. A chwestiynais lawer gwaith pam na fedrwn fodloni ar ddiogi ar y soffa yn gwylio ffilm gyffrous, yn darllen llyfr, neu'n llenwi fy amser efo ambell beth arall mwy normal fel y gwnâi'r rhan fwyaf o'm ffrindiau. Ond yn barhaus, bron, roedd llais yng nghefn fy meddwl yn bloeddio syniadau ac yn fy nhemtio ag anturiaethau newydd y byddai'n hwyl cymryd rhan ynddynt.

Trwy gydol yr amser wrth baratoi at rwyfo'r Iwerydd a Chefnfor India, fedra i ddim cofio sawl tro y clywais y cwestiwn, 'Pam na wnei di hwylio? Mae o dipyn haws!' Ond roedd yna aml i achlysur pan fyddwn yn eistedd dros ochr y cwch hwylio, heb fedru symud modfedd am hyd at saith awr ar y tro, yn wlyb at fy nghroen, yn crynu gan oerfel a gwynt y môr yn chwythu chŵd pobl eraill drosta' i. Byddwn wedi gwneud unrhyw beth am gael bod 'nôl yn fy nghwch bach yn rhwyfo unwaith eto.

Wrth rwyfo, mi fase gen i gyfle i gadw'n gynnes drwy rwyfo'n galetach. Wrth rwyfo, fase boch fy mhen-ôl ddim yn ddiffrwyth am fwy na dwy awr ar y tro. Wrth rwyfo, mi fase fy nghefn ddim yn sgrechian mewn poen wrth eistedd i fyny'n ddiddiwedd heb ddim i orffwyso yn ei erbyn. Wrth rwyfo, mi fuaswn i'n cael egwyl bob dwy awr, a chyfle i symud y cyhyrau rhag iddynt gyffio. Ac wrth rwyfo, fase chŵd neb arall yn chwythu drosta' i! Ar yr adegau hynny fyddai 'na neb wedi llwyddo i'm perswadio fod hwylio'n gallach peth na rhwyfo. Ond parhau â'r ymdrech i ddysgu wnes i, yn y gobaith y byddai mwy o brofiad yn dod â mwy o fwynhad a mwy o gyfleoedd.

Fe ddechreuodd y tymor yn llwyddiannus dros ben i ni

ar *La Réponse*. Llwyddasom i orffen yn bedwerydd yn ein dosbarth yn y ras ar draws y Sianel, yn chweched yn y ras i St Malo, yn drydydd yn ras Myth of Malham, ac yn ail yn y De Guingand Bowl. Roedd gobeithion pawb am ras lwyddiannus yn y Fastnet yn uchel, felly.

Fore Sul, 14 Awst, gadawsom Cowes ar Ynys Wyth wedi pedair awr ar hugain prysur dros ben yn paratoi'r cwch. Fy nghyfrifoldeb i oedd pacio bwyd i bawb a phrynu digon o boteli dŵr ar gyfer y daith gyfan. Diolch byth nad oedd y swydd yn golygu gwneud y coginio i gyd. Roedd Jonathon, llawfeddyg arall a oedd yn rhan o'r criw, wedi cytuno i wneud y rhan fwyaf o hynny. Mae trio plesio deg o ddynion efo digon o fwyd am bedwar i bum diwrnod bron yn amhosib, coeliwch chi fi, ac roedd ambell un yn lwcus i beidio â chael blas fy nhafod am fod yn orffysi!

Doeddwn i ddim yn bryderus o gwbwl am fod yr unig ferch, a'r ieuengaf ond un o'r criw, a hynny mewn cwch efo deg o ddynion am bedwar i bum diwrnod ar ddechrau ras y Fastnet. Roedden nhw i gyd yn ddynion bonheddig – tri ohonynt yn feddygon, a'r criw i gyd yn meddu ar hiwmor chwaethus. Ie, merched oedd testun y jôc gan amlaf, a minnau'n gorfod dioddef y tynnu coes yn amlach na pheidio. Ond ro'n i wrth fy modd, ac yn ddigon parod fy nhafod i beidio dioddef gormod o gam. Mwynheais y cyfeillgarwch a fodolai rhwng aelodau'r tîm gydol yr amser. Yn wir, clywswn iaith gochach a straeon mwy carlamus yng nghwmni tîm rygbi merched lawer gwaith. Yr unig anfantais fedrwn i sylwi arno oedd traed drewllyd y dynion – a gorfod defnyddio tŷ bach heb ddrws arno!

Efo cannoedd o gychod yn cystadlu'n wyllt i groesi'r llinell gychwyn yr eiliad y ffrwydrodd canon Sgwadron Brenhinol Cowes, roedd hi'n wefr a hanner cael bod reit yng nghanol y bwrlwm, ac ymryson yn beryglus o agos am ddamaid o le rhwng y cannoedd o gychod eraill a oedd naill ai'n cystadlu neu yno'n mwynhau'r awyrgylch. Rhyfeddwn at sgiliau Simon ar y llyw wrth i Jason weiddi cyfarwyddiadau diddiwedd ar ein lleoliad yn y llynges.

Roedd y criw wedi ei rannu yn dri thîm, ac Andrew a Jason yn cadw golwg ar y llywio a goruchwylio'r penderfyniadau am yn ail. Rhoddwyd fi dan ofalaeth Simon a Quint. Magwyd Simon yng ngogledd Cymru, ac anrhydeddwyd ef â'r MBE am ei wasanaeth i hwylio. Roedd Quint o dras Wyddelig, felly yn hytrach na defnyddio enw'r tîm a bennwyd i ni, sef y Tîm Coch, dyma benderfynu cadw at yr enw Dragon Watch. Roedd y ddau'n barod eu sgwrs a'u chwerthin (pan nad oeddynt yn canolbwyntio ar rasio) ac felly'n gwmni da a direidus efo'r amynedd i adael i mi ddysgu gymaint ag y medrwn.

Toddodd y ddau neu dri diwrnod cyntaf yn un wrth i mi ymgyfarwyddo â'r drefn, sef pedair awr o ofalu am yr hwylio, pedair awr o fod wrth gefn petai angen mwy o ddwylo, a phedair awr o gwsg. Roedd hon yn drefn dipyn haws na'r un a brofais wrth rwyfo, ond eto roedd yn ddigon anodd codi a mentro 'nôl allan ar y dec am wyth awr wedi pedair awr yn unig o gwsg. Byddai un aelod o bob tîm yn gyfrifol, am yn ail, am baratoi'r bwyd a golchi llestri, er mai dim ond llwy a chwpan oedd gan bawb, felly roeddwn yn falch nad oedd gormod o ofynion domestig ar fy ysgwyddau. Roedd y rota yn golygu hefyd fod llai o'r criw ar y dec drwy gydol yr amser, ac felly roedd mwy o gyfle i mi gael cymryd rhan. Roeddwn wrth fy modd yn cael pob mymryn yn fwy o gyfleoedd a chyfrifoldebau, tra oedd pob un ohonom yn canolbwyntio ar ein tasgau penodol ac yn hapus â'n safle yn rhan o'r pac ar flaen ein dosbarth ni.

Roedd hi'n agosáu at ddau o'r gloch fore dydd Mercher pan ymlwybrodd Simon, Quint a minnau allan ar y dec wedi egwyl. Roedd y gwynt yn egr bellach ac yn chwythu ar raddfa o tua 30–32 not. Roedd y môr hefyd wedi bywiogi'n arw wrth i ni adael cysgod y tir, gan hwylio islaw Môr Iwerddon.

Roedd hi'n noson dywyll, a phob un ohonom yn ein cotiau mawr pwrpasol yn swatio rhag y gwynt a'r tonnau eger wrth i mi wthio fy hun i eistedd ar y rheilen wrth ochr Andrew. Ychydig o sgwrsio fyddai ar adegau felly. Rhwng sŵn y gwynt a'r blinder byddai pawb yn diflannu i'w byd bach eu hunain i hel meddyliau. Digwyddodd popeth mor ddirybudd fel na fedrwn i ddim dirnad yn iawn beth oedd yn digwydd. O fewn eiliadau roeddwn i un ai'n eistedd hyd at fy nghanol yn y môr neu'n hedfan yn wyllt drwy'r awyr fel taswn ar ryw fath o si-so. Diolch i Dduw fy mod newydd eistedd i lawr ac nid yn sefyll ar y dec ar y pryd.

Yn rhyfeddol, doedd yna ddim panig pan sylweddolwyd bod llyw'r cwch wedi malu, dim ond gweiddi cyfarwyddiadau ar sut i ddod â'r sefyllfa o dan reolaeth – y cyfan yn dyst i allu'r criw profiadol a oedd o'm cwmpas. Heb unrhyw allu i lywio, newidiwyd ongl yr hwyliau i'n cadw ni yn yr un man tra dechreuodd rhai o'r dynion ar y dasg o osod y llyw argyfwng yn ei le. Bu'n daith hir a diflas yn ôl tuag at Plymouth, a'r siom o orfod rhoi'r gorau i'r ras yn un enfawr i bawb. Mae'n gas gen i beidio cyflawni pethau pan fydda' i wedi rhoi fy mryd ar lwyddo i'w gwneud. Ond er gwaetha'r siom, gwyddwn i mi gael profiad heb ei ail, ac un gwerth chweil i'm paratoi ar gyfer antur hwylio arall.

Yn unol â phob antur arall, roeddwn wedi manteisio ar y ras hon hefyd i gasglu arian at achos da. Y tro hwn fe wnes i ddewis elusen Well Child. Elusen yw hon sydd yn gweithio drwy Brydain gyfan i gynorthwyo plant a'u teuluoedd sy'n delio â salwch neu ag anghenion iechyd arbennig. Mae'r elusen yn cefnogi tair elfen yn bennaf – gofal, cefnogaeth a gwaith ymchwil. Felly, am nifer o resymau amlwg, roedd hi'n hawdd i mi ddewis Well Child. Ond y rheswm pennaf dros fy newis oedd bod fy ffrind pennaf, Karen Higgins, yn un o'r nyrsys a weithiai i'r elusen. Enillodd Karen yr anrhydedd o fod yn Nyrs y Flwyddyn yn 2011, ac o'i gweld wrth ei gwaith a chlywed canmoliaeth ganwaith iddi gan ei chleifion, fe wyddwn yn fy nghalon nad oedd neb yn haeddu'r clod yn fwy na hi.

Medi

Lansiad arall

If your ship hasn't come in, row out to meet it.
Mary Engelbreit

Ddechrau Medi daeth y cyfle unwaith eto i ymuno â'm hen garfan rygbi o glwb y Gwenyn yn Llundain, sef y London Wasps. Ers rhai blynyddoedd mae'r elusen Wooden Spoon yn trefnu gêm i gyn-chwaraewyr o'r clwb (dynion a merched), efo'r bwriad o gasglu arian at yr elusen. Mae o'n dipyn o achlysur cymdeithasol. Y llynedd cawsom brofiad gwerth chweil wrth i gynifer â thrigain o chwaraewyr rygbi deithio i Sark, ynys fechan iawn sy'n rhan o Ynysoedd y Sianel. Eleni Guernsey, un o'r prif ynysoedd, oedd y lleoliad. Roeddwn wrth fy modd yn cael y cyfle i fod yn ôl yn fy sgidiau rygbi. Ac er bod pum mlynedd wedi pasio bellach ers y dyddiau pan fyddwn yn chwarae'n rheolaidd ac yn gystadleuol doeddwn i ddim wedi colli mymryn o'r awydd i chwarae, er bod y corff yn anghytuno'n arw efo'r galon ar y mater. Mi gymerodd un mis ar ddeg i'm corff faddau i mi am fod yn ddigon ffôl i chwarae yn y gêm honno yn Sark!

Bu rygbi'n rhan allweddol o'm bywyd, ac ymfalchïwn ym mhob cyfle a ddaeth yn sgil y gêm. Roedd natur fy ngyrfa rygbi yn chwerw-felys yn hynny o beth. Teimlwn yn falch eithriadol i mi gael fy newis i gynrychioli Cymru 'A', gan ennill tri chap ar ddeg. Ond roeddwn i hefyd yn siomedig iawn nad enillais erioed yr un cap llawn. Ar un ystyr mae rhwyfo ar draws cefnfor yn haws na chael eich dewis i gynrychioli eich gwlad mewn camp fel rygbi gan eich bod yn ddibynnol ar fympwy eraill yn ogystal â'ch gallu personol. Mae'n dibynnu ar steil yr hyfforddwr, ar safon y chwaraewyr eraill sy'n cystadlu am eich safle, ac ar eich gallu (neu eich lwc) i osgoi anafiadau. I rwyfo ar draws cefnfor, mater o eistedd mewn cwch a dechrau rhwyfo ydi o ...

Flwyddyn ar ôl lansio fy llyfr yn cofnodi fy mhrofiadau ar y ddwy fordaith yn rhwyfo Cefnfor Iwerydd a Chefnfor India daeth yr amser i gyhoeddi'r llyfr yn Saesneg. Unwaith eto gwnaeth cefnogaeth Gwasg Carreg Gwalch a Chyngor Llyfrau Cymru'r fenter yn bosibl. Bu ysgrifennu'r un Saesneg yn dipyn anoddach a minnau bellach yn gweithio'n llawn amser ac efo llai o ryddid na phan oeddwn i'n astudio ar gyfer fy noethuriaeth. Yr un oedd yr hanes wrth gwrs, ond nid cyfieithiad union oedd o chwaith, gan fy mod am egluro dipyn mwy i'r darllenwyr di-Gymraeg ystyr magwraeth Gymreig i mi.

Gwahaniaeth mawr arall oedd i mi gael gŵr gwadd i lunio'r rhagair. Roedd yr Athro Greg Kearns a minnau wedi dod i gytundeb rai blynyddoedd yn ôl mai ef fyddai'n ysgrifennu rhagair fy llyfr, a hynny hyd yn oed cyn i mi wybod y byddwn i'n ysgrifennu'r fath lyfr!

Americanwr yw Greg, a thipyn o gymeriad. Y tro cyntaf i ni gwrdd oedd yn 2007 mewn cyfarfod o'r World Health Organisation yn Genefa. Yn sgil fy ngwaith yn yr European Medicines Agency roeddwn wedi cael fy newis i ymuno ag arbenigwyr rhyngwladol i arolygu rhestr o gyffuriau angenrheidiol i blant (Essential Medicine List for Children). Dyma'r tro cyntaf i restr o'r fath gael ei chreu ac roedd bod yn rhan o'r fenter honno'n fraint y tu hwnt i'r hyn y medrwn fod wedi ei ddychmygu yn fy ngyrfa fel nyrs. Y gobaith drwy greu'r rhestr oedd sicrhau y byddai pob plentyn ym mhob gwlad ar draws y byd yn medru derbyn y cyffuriau hyn pe byddai angen. Maen nhw'n gyffuriau y bydd llawer o wledydd yn eu cymryd yn ganiataol, ac yn aml nid mater o gost sy'n rhwystro'r cyffuriau rhag cyrraedd y rhai sydd eu hangen.

Fi oedd yr ieuengaf wrth y bwrdd, a'r mwyaf dibrofiad hefyd o rai blynyddoedd o wasanaeth. Ni chyfrennais lawer, ond croesawyd fi'n gynnes gan bawb – a chan Greg yn arbennig. Wrth fwynhau swper ar ôl y diwrnod cyntaf o gyfarfodydd digwyddais eistedd gyferbyn â Greg. Ac ar ôl gwydriad neu ddau o win rhannais fy mreuddwyd o fod y Gymraes gyntaf i rwyfo ar draws yr Iwerydd. Roedd y cyfarfod yn cael ei gynnal fis cyn i mi adael ar fy mordaith gyntaf, felly roedd hi'n anodd osgoi'r testun. Wnaeth Greg ddim cuddio'i fraw pan glywodd am yr antur, ond o'r eiliad gyntaf honno bu'n gefnogol y tu hwnt, gan wneud i mi addo mai fo fyddai'n cael ysgrifennu rhagair fy llyfr pan gyhoeddid ef. Ond roedd ysgrifennu llyfr ymhell iawn o'm meddwl bryd hynny, yn enwedig o gysidro nad oeddwn i'n sicr o lwyddo, hyd yn oed. Ond wedi gwneud yr adduned, a chael cefnogaeth ddiddiwedd Greg ar gyfer fy anturiaethau ac yn fy ngyrfa wedyn, gwyddwn yn bendant bod gofyn i mi gadw at fy ngair. Nid bod hynny'n anodd, wrth gwrs. Er ei fod yn ddylanwadol ac uchel ei barch yn y maes ymchwilio i gyffuriau plant, mae gan Greg sgwrs ddifyr a hiwmor parod bob amser. O ganlyniad, roedd cadw at fy ngair yn orchwyl hawdd.

Ysgrifennodd Greg ragair arbennig a wnaeth i mi golli deigryn neu ddau wrth i mi ei ddarllen am y tro cyntaf. Ac yn fwy anhygoel na'r geiriau caredig fe fynnodd Greg hedfan yr holl ffordd o Kansas yn America er mwyn cael bod yn bresennol ar noson y cyhoeddi, a hynny ar ei gost ei hun.

Bydd fy ngwerthfawrogiad iddo'n oesol.

Yn dilyn gwahoddiad i fod yn siaradwraig wadd yn siop fyd-enwog National Geographic yn Llundain, daeth y cyfle i drafod y posibilrwydd o lansio'r llyfr yno. Roedd y lleoliad yn berffaith, reit yng nghanol Llundain, a'r cysylltiad amlwg rhwng hanes fy anturiaethau yn fy llyfr a'r sefydliad sy'n hybu antur i bedwar ban y byd yn gwneud y dewis yn un delfrydol.

Daeth dros 160 o bobl ynghyd ar y noson a diolchais ganwaith am gael cwmni Greg yn agor y digwyddiad. Gan gadw at thema ei ragair rhoddodd gyflwyniad arbennig am y ffilm glasurol honno *The Wizard of Oz*, a'r tair nodwedd angenrheidiol sydd eu hangen i oroesi unrhyw her fawr, sef gallu, gwroldeb a chalon. Roedd ei sgwrs yn llawn hiwmor, ac yn gyflwyniad perffaith i mi gael rhannu fy stori a'm profiadau i efo'r gynulleidfa. Fedrwn i ddim credu bod cynifer o bobl wedi dod ynghyd, a bod ambell un wedi teithio mor bell i fod yno. Yn ogystal â Greg o America, daeth Una, fy nghyfaill pan oeddwn yn wirfoddolwraig yn Lesotho, yr holl ffordd o Iwerddon, er ei bod hi bellach yn bedwar ugain oed. Yn ogystal daeth Dave, fy nghydymaith beicio o Baris i Lundain, yr holl ffordd o Guernsey. A fyddai'r un digwyddiad yn gyflawn heb Mam, Dad a Gles, wrth gwrs. Daeth y tri, a Jem fy mrawd yng nghyfraith i'r ddinas fawr ddrwg i'm cefnogi, a hwythau bob amser yn sylfaen ddi-sigl i bob elfen o'm bywyd.

Gwerthwyd 123 llyfr ar y noson – y nifer uchaf o lyfrau i gael eu gwerthu gyda'i gilydd yn hanes y siop. Fe wnes i ddotio y tu hwnt i eiriau ar y gefnogaeth a gefais gan fwynhau'r noson i'r eithaf. Roeddwn, wrth gwrs, wedi mwynhau pob eiliad o noson lansio fy llyfr Cymraeg. Daeth y gymuned leol yn llu i Ysgol y Parc i gefnogi'r achlysur, a fedrwn i ddim bod yn falchach na chael lansio'r llyfr hwnnw ym man cychwyn fy addysg ac yng nghwmni'r gymuned a

fu'n rhan mor allweddol o'm magwraeth. Ond bu'r
gwahaniaeth mawr rhwng y ddwy noson yn agoriad llygad i
mi ac yn un sy'n amhosib i'w ddirnad. Yr un yw'r stori, a llai
na blwyddyn rhwng cyhoeddi'r ddwy gyfrol, ond mae'n
amhosib cymharu'r ddau achlysur. O baned de Mam yn y
Parc i'r siampên yn Llundain. Nid am y tro cyntaf, teimlais fy
mod i'n byw dau fywyd o fewn un.

Hydref

Yn ôl wrth angor

Both faith and fear may sail into your harbour,
but allow only faith to drop anchor.
Bear Grylls

Cyn cychwyn ar fy ail fordaith, roeddwn wedi ymddiswyddo
o'm gwaith fel Asesydd Gwyddonol yn Asiantaeth
Meddyginiaethau Ewrop. Gwaith oedd hwn a olygai fy mod
i'n cydweithio efo arbenigwyr Ewrop yn cynghori ar
ddatblygu cyffuriau newydd i blant. Bob mis, bydd dau
gynrychiolydd o bob gwlad yn Ewrop yn hedfan i Lundain
am dridiau o gyfarfodydd i drafod y gwahanol gyffuriau y
byddem yn eu hasesu er mwyn dod i gytundeb â'r cwmnïau
cyffuriau ar y ffordd orau i ymchwilio ymhellach, ac yn
arbennig ar y ffordd y byddai cwmnïau cyffuriau yn
cynllunio profion clinigol i asesu effeithiolrwydd a
diogelwch y cyffuriau hynny.

Yn sgil fy mhrofiad yn nyrsio ac yn gwneud gwaith
ymchwil yn y maes, gwyddwn fod y canllawiau i hybu a
diogelu iechyd plant yn y maes hwn yn allweddol bwysig. Er
hynny, roeddwn wedi gadael popeth er mwyn cael mentro
ar antur ar draws Cefnfor India, ac wedi ymddiswyddo yn
ystod y dirwasgiad mwyaf a welodd y Deyrnas Gyfunol ac
Ewrop ers amser maith. Gadael sefydlogrwydd swydd dda,

cyflog a chartref i fentro ar antur heb ddim sicrwydd o lwyddiant. Wrth gysidro bod pump o'r deg cwch a gychwynnodd wedi methu cwblhau'r fordaith roedd hi'n amlwg yn risg enfawr, ond wedi i mi oroesi'n llwyddiannus a thorri dwy record byd yn sgil hynny gwyddwn fy mod wedi gwneud y penderfyniad iawn.

Ond ar ôl dychwelyd o fordaith Cefnfor India, roeddwn wedi llwyddo i ailafael yn y swydd a adawswn ychydig dros flwyddyn ynghynt, a hynny er gwaetha'r arholiadau a'r cyfweliad yn Ffrangeg – a oedd yn angenrheidiol i mi weithio yn yr asiantaeth – ac er i mi fod wedi gadael y swydd am bedwar mis i rwyfo'r Iwerydd ac ymddiswyddo er mwyn cael croesi Cefnfor India yn fuan wedyn.

Mae pawb sydd am weithio i asiantaeth o'r Comisiwn Ewropeaidd yn gorfod bod yn rhugl mewn dwy iaith Ewropeaidd, ac yn rhugl mewn tair iaith os ydynt yn awyddus i gael dyrchafiad. Yn rhwystredig iawn, tydi'r Gymraeg ddim yn cael ei chyfri fel iaith swyddogol. Felly ar bob dogfen roedd gofyn i mi ei chwblhau, golygai fod yn rhaid cofnodi mai Saesneg oedd fy iaith gyntaf. Roedd y sefyllfa'n fy nghythruddo. Ond er holi a chwyno, doedd dim y medrwn ei wneud am y peth. Treuliais amser yn Brest, Llydaw, yn paratoi at yr arholiad a'r cyfweliad Ffrangeg, a llwyddo, ryw ffordd neu gilydd, i gael fy nerbyn yn ôl i'r tîm.

Roedd hi'n braf cael bod yn ôl yn fy swyddfa foethus yn Canary Wharf heb sôn am y rhyddhad o fod yn ennill cyflog unwaith eto. Ond er mor ddifyr y gwaith, mae bod ynghlwm wrth ddesg ddydd ar ôl dydd yn ddigon rhwystredig a digalon ar blyciau, yn enwedig a minnau'n treulio oriau lawer yn hel meddyliau am y byd mawr, llawn antur, sydd y tu allan i'r adeilad concrid hwnnw. Mae gweithio'n llawn amser heb fedru dianc ar antur arall ar y tonnau yn her fach ddyddiol i mi! Mae pob mis o fedru angori fy hun wrth fy nesg yn dipyn o gamp felly, ac yn dipyn o ryddhad i'm cyflogwyr. Dwi'n ymwybodol nad ydi o'n deg iawn ar unrhyw gyflogwr i orfod goruchwylio rhywun fel fi.

Ond diolch byth fod yr elfen wyddonol o'r swydd yn ddifyr ac yn her ddyddiol i gadw'r ymennydd yn ddiwyd. Byddaf wrth fy modd hefyd yn cael y cyfle i weithio'n rhyngwladol, a gweld y daioni a ddaw o gyfuno gallu a gwybodaeth ar draws y gwledydd. Yn wir, dyma'r rhan o'r gwaith dwi'n ei fwynhau fwya – ymlafnio drwy wahan-iaethau iaith a diwylliant i sicrhau cyd-ddealltwriaeth a chydweithrediad. Fe ddywedodd Charles Darwin: 'In the long history of humankind those who learned to collaborate and improvise most effectively have prevailed.' Heb os nac oni bai, mae cydweithio a chymodi nid yn unig yn angenrheidiol, ond yn sylfaen i lwyddiant y tu hwnt i beth all neb ei gyrraedd ar ei ben ei hun. Mewn undod mae nerth, wedi'r cwbwl!

Yn sgil gofynion iaith fy ngwaith, mae cyfle i fynd ar gwrs iaith dramor. Pan ddaeth y cyfle i mi ddewis fy nghwrs iaith am y flwyddyn, fues i ddim yn hir iawn yn penderfynu ar bythefnos yn La Rochelle, tref ar lan Môr Iwerydd. Nid cyd-ddigwyddiad oedd dewis tref sy'n enwog iawn am y rasys hwylio niferus sy'n cychwyn o'r porthladd hwn, a'r hwylwyr enwog a wnaeth eu marc yno. Ym mis Hydref, felly, treuliais bythefnos gwerth chweil yn astudio Ffrangeg yno, er i'r amseriad o fod yn Ffrainc wedi i'r Ffrancwyr ein trechu yng Nghwpan Rygbi'r Byd fod braidd yn anffodus!

Yn y byd sydd ohoni, yr ymateb naturiol yw beirniadu pobl yn ôl eu swydd. Mae'r Beibl yn dweud rhywbeth tebyg – 'Wrth eu ffrwythau yr adnabyddwch hwynt.' Mae swydd dda, neu yrfa lwyddiannus mewn proffesiwn neu alwedigaeth barchus, yn cyfleu rhyw fath o statws mewn cymuned. Mae galwedigaeth, wrth gwrs, hefyd yn rhoi ymdeimlad o gyflawni rhywbeth. Teimlaf fod fy swydd yn yr EMA yn cyfrannu rhywbeth yn ôl i'r gymuned, yn cyflawni rhywbeth o werth, ar bapur o leiaf. Mae'n golygu statws o ryw fath felly, a chyfle i gredu fy mod i'n ymdrechu i ddiogelu a gwella iechyd plant y dyfodol.

Ond er hyn oll, daw'r ysfa i roi'r ffidil yn y to yn aml iawn, gan roi'r gorau i weithio yn gyfan gwbwl er mwyn mentro ar fywyd llawn amser o anturio. Wedi'r cwbwl, mae Syr Ranulph Fiennes, Bear Grylls, James Cracknell, Ben Fogle a llawer o ddynion eraill yn gwneud bywoliaeth o fentro ar un antur ar ôl y llall. Ond ble mae'r merched? Fedra i ddim credu nad oes yr un ferch anturus a fyddai lawn cystal â'r dynion am rannu ei phrofiadau ar y sgrin fawr.

Mae'n fywyd hunanol dros ben wrth gwrs, yn un o brofi hwyl, boddhad a bodlondeb wrth ymdrechu ar un antur ar ôl un arall. Mae fy rhestr o freuddwydion a dymuniadau yn ddigon hir i'm cadw'n ddiwyd iawn am flynyddoedd i ddod. Ond a fyddwn i, o ddifri, yn medru byw bywyd sydd mewn gwirionedd yn ddim byd mwy nag ymgolli ynof fi fy hun? Dwi'n hoffi meddwl y byddai fy nghydwybod yn pigo, a'r ysfa am gael cyfrannu at rywbeth mwy pwrpasol mewn bywyd yn gryfach, ond fedra i ddim bod yn siŵr.

Ond mae'r rhai sydd wedi medru cyfuno eu llwyddiant anturus â brwydro dros achosion pwysig yn rhoi rhyw newydd wedd ar yr ysfa hon. Mae'r Fonesig Ellen MacArthur yn ferch sy'n fy ysbrydoli'n barhaus. Taflwyd Ellen i ganol berw'r byd cyhoeddus yn 2001 yn dilyn ei llwyddiant yn hwylio ar ei phen ei hun yr holl ffordd o gwmpas y byd, taith a gymerodd 94 diwrnod. Nid ei champ yn unig oedd yn arbennig ond y ffordd y cyflawnodd hi'r gamp honno. Bu'n cystadlu yn erbyn hwylwyr gorau'r byd, oll yn ddynion, a gorffen yn ail, a hithau ond yn 24 oed. Dair blynedd yn ddiweddarach ymgymerodd â mordaith arall mewn cwch trimaran 75 troedfedd, gan osod record byd fel y person cyflymaf i hwylio ar ei phen ei hun o gwmpas y byd mewn 71 diwrnod, 14 awr, 18 munud a 33 eiliad.

Rhoddodd llwyddiant Ellen ar y môr lais iddi frwydro dros achosion sy'n agos at ei chalon. Sefydlodd Ymddiriedolaeth Cancr Ellen MacArthur, sy'n rhoi cyfle i blant sy'n dioddef o gancr fynd i hwylio, efo'r nod o roi hwb i'w hunanhyder er gwaethaf eu salwch. Ac yn fwy diweddar sefydlodd Sefydliad Ellen MacArthur er mwyn ysbrydoli'r genhedlaeth nesaf i ailfeddwl, ailgynllunio ac adeiladu dyfodol positif i'r amgylchedd. Mae Ellen bellach yn mynychu cyfarfodydd dylanwadol fel y G20 yn aml mewn ymgais i ddylanwadu ar wahanol benderfyniadau. Mae'n gyfle na fyddai swydd 'arferol', efallai, wedi ei roi iddi.

Llwyddodd fy mordaith ar draws yr Iwerydd i godi mwy o ymwybyddiaeth o afiechydon metabolig prin na fyddai fy noethuriaeth byth wedi llwyddo i'w wneud, mae hynny'n sicr, heb sôn am y swm o £190,000 a godwyd. Hyd yn oed heddiw, fedra i ddim dirnad llwyddiant ysgubol y fenter yn hynny o beth, gan wybod hefyd i'r arian noddi gwaith ymchwil a doethuriaeth Dr Emma Footitt o dan oruchwyliaeth yr Athro Peter Clayton. Cefais y fraint o weithio yn yr un adran â nhw am flynyddoedd lawer, a gwyddwn y byddai'r ddau yn buddsoddi'r arian yn ddoeth ac yn cwblhau ymchwil a fyddai'n sicr o arwain at leihau dioddefaint plant, maes o law.

Tachwedd

Nosweithiau mawr

*Everyone is a genius. But if you judge a fish on its ability to climb a tree, it
will live its whole life believing it is stupid.*
Albert Einstein

Ar nos Sadwrn cyntaf Tachwedd 2006 daeth y cyfle am
daith fach foethus ar afon Tafwys i ddathlu 25 mlynedd ers
sefydlu'r Gaucher Association UK. Bu hwn yn sefydliad a
fu'n rhan ganolog o'm gyrfa.

Yn 2001 cyflogwyd fi yn nyrs ymchwil yn Ysbyty Plant
Great Ormond Street yn Llundain i ofalu am blant a
ddioddefai o Gaucher Disease. Afiechyd metabolig hynod
brin yw hwn, ond afiechyd creulon a niweidiol iawn i blant
sy'n cael eu geni â'r clefyd. Fy nghyfrifoldeb oedd gofalu am
blant a oedd yn cytuno i arbrofi â chyffur newydd a fyddai,
gobeithio, yn arafu effaith andwyol yr afiechyd, gan roi
gobaith am rywfaint o wellhad iddynt. Yn sgil fy ngwaith
roeddwn yn cydweithio'n agos â'r sefydliad a gwelais lawer
tro ymroddiad y gwirfoddolwyr i'r elusen a'u cefnogaeth i'r
rhai a ddioddefai o'r clefyd, llawer ohonynt yn dioddefwyr
eu hunain, neu'n rhieni i blant a oedd yn dioddef o'r salwch.
Roedd hi'n fraint ac yn anrhydedd i mi gael ymuno i ddathlu
llwyddiant y sefydliad.

Yn sgil fy ngwaith fel nyrs ymchwil roeddwn wedi

datblygu dull newydd o asesu plant a ddioddefai o'r clefyd Neuronopathic Gaucher. Yn ogystal, cefais y cyfle i gydweithio ag arbenigwyr gorau Ewrop yn y maes, gan ymweld â Sweden, Gwlad Pwyl a'r Almaen i asesu plant a oedd yn dioddef o'r clefyd. Roedd o'n gyfle anhygoel i mi, yn arbennig o gofio mai nyrs yng nghanol meddygon oeddwn i. Ni allwn fod wedi cael cefnogaeth well, gan gynnwys y nawdd ariannol a dderbyniais gan Gaucher Association UK i dalu am gostau teithio i'r tair gwlad i gyflawni fy ngwaith ymchwil.

Bu'n hawdd iawn, felly, dewis casglu arian at yr elusen hon yn sgil rhai o'm hanturiaethau, wrth feicio o Lundain i Gaer-grawnt ac ymdrechu (ond methu) i redeg chwe marathon mewn chwe diwrnod yn y Sahara.

Er yr holl gefnogaeth, bu'n dipyn o her i mi fedru dyfalbarhau efo'r ysgrifennu a chwblhau fy nhraethawd. Roedd bod yn gaeth wrth ddesg yn teimlo bron yn amhosib ar ôl yr adrenalin a brofais yn rhwyfo'r cefnforoedd. Ond pan ddaeth yr amser i gael fy *viva*, sef fy arholiadau llafar terfynol, gydag arholwr o'r Almaen yn hedfan yr holl ffordd ar gyfer y dasg, cefais brofi'r wefr o lwyddo mewn her o allu meddyliol yn hytrach na her o nerth corfforol. Er nad oedd yn cymharu â gwthio fy hun i'r eithaf yn gorfforol, roedd yn wefr ac yn rhyddhad yr un modd.

Mewn gwirionedd, her o ddyfalbarhad yw'r cwbwl. Dyfalbarhau pan mae'r reddf i ildio a rhoi'r gorau i'r cyfan yn apelio'n fawr. Gwn yn sicr mai bod yn bengaled yn hytrach na bod yn athletwraig neu'n academydd sydd wedi bod yn sail i'm llwyddiant ar y môr ac yn fy ngwaith ymchwil fel ei gilydd. Ac mae'r cyfuniad o antur a nyrsio wedi caniatáu i mi gadw persbectif ar y problemau a wynebaf yn sgil fy anturiaethau. Mae gweld â'm llygaid fy hun y caledi a'r anawsterau y mae llawer sy'n dioddef yn sgil diffyg iechyd yn fy atgoffa fod pob her ac antur a brofaf o'm dewis fy hun. Ar bob achlysur, y fi sydd wedi dewis mentro, gan fedru dewis y math o her a lefel y caledi. Y mae llawer yn gorfod goroesi anawsterau sydd wedi eu taflu atynt, anawsterau na fyddai neb yn dewis eu hwynebu. Yn hynny o beth rwyf wedi cael y fraint a'r ffawd o fyw bywyd hynod hawdd, heb orfod goroesi unrhyw anawsterau ond yr hyn a ddewisais ei wynebu. Mae meddwl am yr holl blant a gwrddais yn sgil fy ngyrfa nyrsio yn arf hollbwysig i gadw popeth mewn persbectif. Y plant hynny yw gwir symbol dyfalbarhau yn wyneb anhawster.

Wedi'r holl boen meddwl a achosais i'm rhieni drwy gydol fy anturiaethau hoffwn feddwl fod fy seremoni graddio yn Ddoctor Elin Haf Davies yn y Royal Festival Hall ar lan afon Tafwys yn Llundain wedi bod yn ad-daliad bach i'r ddau, ac yn arwydd bach o ddiolch am eu gofal a'u cariad diffuant. Ac ni fyddai'r diwrnod yn gyflawn heb Gles, fy chwaer fawr, yno yn rhan o'r dathlu efo ni hefyd. Cawsom bryd o fwyd gwerth chweil yn yr OXO Tower, bwyty o safon sy'n edrych allan dros y ddinas, er dwi'n amau i Dad dagu mwy dros bris y gwin na thros yr olygfa wych!

Bythefnos yn ddiweddarach, yng nghanol Tachwedd, daeth y cyfle i ymuno efo gweddill criw La Réponse am swper gwobrwyo RORC mewn safle crand yn Whitehall. Roedd honno'n noson wych.

Er gwaethaf siom ras Fastnet roedd ein llwyddiant drwy gydol y tymor yn golygu mai ni oedd enillwyr y tlws Assuage – tlws enfawr o risial sy'n cael ei gyflwyno i'r cwch a enillodd fwyaf o rasys yn y gystadleuaeth arbennig hon, a thlws y cefais y cyfle i'w gario'n ofalus oddi ar y llwyfan wedi i Andrew ofyn i mi ei dderbyn ar ran y tîm. Braint yn wir. Lwcus iawn nad oeddwn mor drwsgl yn fy sodlau uchel ar y llwyfan ag yr oeddwn yn fy sgidiau hwylio ar y dec! Er i mi rag-weld y byddai sefydliad fel RORC yn grachaidd ac yn snobyddlyd, rhaid cyfaddef i mi gael croeso eithriadol yn eu plith, gan Andrew a'i griw yn arbennig.

Ond ni fu pob noson ym mis Tachwedd yn achlysur i ddathlu. Roedd dau o'm ffrindiau agos yn gadael Prydain am waith a phrofiadau eraill dramor. Roedd Tom, a rwyfodd ar draws yr Iwerydd yr un adeg â mi ac a oedd yn rhan o'r profiad bythgofiadwy hwnnw yn rhedeg drwy anialwch y Sahara, ar fin cychwyn am gyfnod o chwe mis yn gweithio yn Afghanistan. O fewn yr un wythnos, roedd Jo, fy nghydymaith ar fordaith Cefnfor India, yn gadael am ddwy flynedd i fyw yn Awstralia. Roedd colli'r ddau yn dipyn o ergyd, yn arbennig o gysidro fod Sarah, cydymaith arall o fordaith Cefnfor India, eisoes yn byw yn Romania. Mae cael cyfeillion sy'n deall yr ysfa am antur, heb gwestiynu na beirniadu, yn fodau prin, er mai cwmni peryg iawn i'n gilydd ydan ni gan amlaf, gan wneud dim ond rhannu syniadau a breuddwydion am anturiaethau newydd y byddem yn ysu i'w profi.

Rhagfyr

Profiad brenhinol

His world was Welsh, his Wales world wide.
Carwyn Rees James (1929–1983)

Roedd Rhagfyr 2011 yn mynd i fod yn fis a fyddai'n aros yn fy nghof am weddill fy oes. Fedrwn i'n wirioneddol ddim credu na dirnad sut oedd pymtheg mlynedd ar hugain wedi carlamu heibio, a magwraeth ym mynyddoedd Penllyn wedi arwain at fod ym Mhalas Buckingham yn ymweld â'r Frenhines! Wrth sefyll yn y rhes yn aros fy nhro i ysgwyd llaw a rhoi cynnig ar y cyrtsi, fedrwn i wneud dim ond gwenu o glust i glust. Dim gwên o hapusrwydd, ond hen arferiad reit od sydd gen i o wenu neu chwerthin ar adegau amhriodol. Gwên o nerfusrwydd. Gwên o anghrediniaeth fy mod i yno o gwbwl. Wedi'r cyfan, doedd plentyndod ym mhentref bach Cymreig y Parc ddim wedi magu cariad mawr at y teulu brenhinol! Ond ers derbyn y gwahoddiad crand i fod yn rhan o'r achlysur arbennig hwn roeddwn wedi bod ar binnau. Dwi'n brysio i egluro mai'r rheswm dros gynnal yr achlysur a'r gwesteion eraill a fyddai'n bresennol oedd gwir achos fy nghynnwrf. Dyma ddathliad canmlwyddiant taith Brydeinig y *Terra Nova* yn cyrraedd Antarctica o dan arweiniad Robert Falcon Scott, a'r Cymro Edgar Evans ymhlith y criw. Dathliad o gan mlynedd o anturiaethau Prydeinig, a rhestr y gwahoddedigion yn un a oedd yn llawn o'm harwyr a'm harwresau. Yn eu plith roedd Syr Ranulph Fiennes, Syr Robin Knox-Johnston, y Fonesig Ellen MacArthur, Syr Chris Bonnington, Michael Palin, David Attenborough a llawer mwy. A minnau, rywsut, yn eu plith yn teimlo fy mod i yno drwy dwyll am nad oedd fy 155 diwrnod yn rhwyfo ar draws dau o gefnforoedd y byd prin yn cymharu â'u gorchestion hwy. Ond fyddwn i byth wedi colli'r cyfle o gael bod yn eu mysg gan obeithio cael gwefr ac ysbrydoliaeth am anturiaethau mawr eraill.

Wedi i mi faglu wrth foesymgrymu a llyncu llond gwydriad o siampên i ddod dros y sioc, fedrwn i wneud dim ond giglan fel merch ysgol wrth sgwrsio efo'r comedïwr a'r nofiwr David Walliams. Funudau'n ddiweddarach, pan wahoddwyd y ddau ohonom i ymuno efo Ed Stafford, y dyn cyntaf mewn hanes i gerdded hyd lan afon Amazon, a'r Frenhines ei hun er mwyn cael sgwrs ychwanegol, fedrwn i ddim rhwystro'r giglan gwirion. Ddim hyd yn oed petaen nhw wedi gosod gwn wrth fy mhen. Felly, pan ofynnodd y Frenhines beth oedd hynodrwydd fy antur i, y cwbwl ddaeth allan o'm ceg oedd:

'I'm the token Welsh person on the guest list!'

Na, nid dyna'r ffordd o ymateb yn y fath sefyllfa mae'n siŵr, ond roedd y frawddeg wedi'i hyngan cyn i mi gael cyfle i frathu fy nhafod. Fel maen nhw'n dweud 'Medrwch dynnu'r ferch allan o Gymru, ond fedrwch chi ddim tynnu Cymru allan o'r ferch.' A chofiais am gwpled o'r gerdd 'If' gan Rudyard Kipling:

If you can talk with crowds and keep your virtue,
Or walk with Kings – nor lose the common touch . . .

Yn ffodus iawn byddai'n amhosib i ferch â'i gwreiddiau yng nghwm bach y Parc golli ei *common touch*.

Fedra i ddim gwadu na wnes i fwynhau pob eiliad o'r noson, a gwerthfawrogi'r cyfle o fod ym moethusrwydd y palas yn blasu wyau soflieir am y tro cyntaf a llowcian y siampên diddiwedd. Roeddwn i'n ddiolchgar iawn i'r Frenhines am ein croesawu mor gynnes i'w chartref. Braf iawn hefyd oedd cael rhannu'r noson â Chymry eraill – Lowri Morgan, y rhedwraig wrol; Tori James (y Gymraes gyntaf i goncro Everest) a Rich Parks, y chwaraewr rygbi rhyngwladol a ddringodd i uchelfannau'r saith mynydd uchaf ar saith cyfandir y byd, a theithio i'r Antarctica a'r Arctig, a'r cyfan o fewn saith mis. Bu'r pedwar ohonom yn llysgenhadon dros y Ddraig Goch ac ysbryd anturus y Cymry y diwrnod hwnnw.

Roedd cael treulio noson yng nghwmni cynifer a oedd wedi llwyddo i'r fath raddau gan oroesi peryglon mawr wedi fy ysbrydoli. Roeddwn i'n ysgafndroed wrth adael drwy'r gatiau mawr duon (er gwaetha'r sodlau uchel, poenus) a'm meddwl yn llawn o freuddwydion am fwy o anturiaethau a fyddai'n sicr o wneud i'r galon guro'n gyflymach. Teimlwn yn hapusach unwaith eto, gydag adrenalin yn rhuthro drwy fy ngwythiennau.

Ond nid dyna'r unig brofiad anhygoel a'm hysbrydolodd ym mis Rhagfyr. Cefais fraw aruthrol pan ymddangosodd y nofiwr Olympaidd Mark Foster yn y gwaith un bore! Cyrraedd yn hollol annisgwyl, ac yno'n arbennig i'm cyfarfod i – am brofiad cyffrous! Mae llwyddiant Mark yn ennill medalau yn y dŵr yn ddigon i ysbrydoli unrhyw un.

Gwyddwn fy mod wedi cael fy enwebu i gario'r fflam Olympaidd ar ei thaith drwy Brydain cyn dechrau'r gemau yn yr haf. Roedd trigolion plwyf Llanycil, ar gyrion pentref bach y Parc lle'm magwyd; ffrind fy Nhad, Gwynfryn Williams; pennaeth fy adran yn y gwaith, Paolo Tomasi; fy ffrind Gino Brand a'm chwaer Glesni wedi cynnig fy enw. Ac er fy mod yn croesi bysedd a phob dim arall am gael y fraint o gario'r fflam, nid oeddwn am godi fy ngobeithion yn ormodol gan y gwyddwn fod miloedd ar filoedd o enwau yn cael eu hystyried ar gyfer y dasg.

Ond yng nghanol y cynnwrf o gael cwrdd â Mark â'i gorff hynod o athletaidd, bu bron i mi beidio â sylwi ar y dorch aur anhygoel! Cynlluniwyd y dorch â thair ochr i gynrychioli'r tri thro y bu'r gemau yn Llundain, yn 1908, 1948 a 2012, gydag wyth mil o dyllau i gynrychioli pob un o'r rhedwyr a fyddai'n ei chario. Aeth bore cyfan heibio yn y gwaith efo pawb yn edmygu'r dorch (a Mark!), a mawr oedd fy niolch i bawb a wnaeth fy enwebu. Er fy mod wedi fy newis i gario'r fflam yn Llundain ar ddiwrnod fy mhen-blwydd ychydig ddyddiau cyn cychwyn y gemau, bu'r trefnwyr yn hyblyg ac yn garedig iawn. Cytunwyd i newid y trefniadau er mwyn i mi gael cario'r fflam yng Nghymru. Roeddwn yn ysu am gael mynd!

Ar ddydd Sadwrn olaf mis Rhagfyr, wedi saith wythnos o astudio, daeth yr amser hefyd i eistedd arholiad theori sgiper dydd y Gymdeithas Hwylio Frenhinol (RYA). Cyfle yw hwn i ddysgu am ragolygon y tywydd ac effaith y llanw ar hwylio. Bu'n ddiwrnod hir o ddau arholiad, ond yn ffodus llwyddais i basio, a Dr Paul, un o'm cyfeillion ar *La Réponse*, yn gwmni.

Bu cael dianc o Lundain er mwyn cael mwynhau gŵyl y Nadolig yn rhyddhad. Ddim o achos bwrlwm arferol y Nadolig, ond oherwydd fy mod wedi cael mis Rhagfyr anhygoel o swreal.

Yn unol â phob Nadolig arall, ymunais â chymuned y Parc ar fore'r Ŵyl ar gyfer y gwasanaeth a mwynhau'r cynhesrwydd cartrefol a'r sicrwydd sydd ond i'w gael o fod yn ôl mewn cymuned o'r fath. Cofiais unwaith eto bennill cyfarwydd Eifion Wyn:

Mae'n werth troi'n alltud ambell dro
A mynd o Gymru fach ymhell
Er mwyn cael dod i Gymru 'nôl
A medru caru Cymru'n well.

Dim ond wrth adael cymuned y Parc a phrofi bwrlwm amhersonol Llundain y sylweddolwn gymaint a roddodd magwraeth yn y fro wledig i mi yn sylfaen i'm bywyd. Croesewais y flwyddyn newydd o dan gwilt castell Biwmares, ac fel pob blwyddyn arall, gwneud rhestr fach o ddymuniadau y byddwn yn hoffi eu gwireddu yn ystod 2012.

Ionawr 2012

Ras y Clipper

If you want to build a ship, don't drum up people to collect wood and don't assign them tasks and work, but rather teach them to long for the endless immensity of the sea.
Antoine de Saint Exupéry

Dechreuodd 2012 yn llawn nerth, ac ym mis Ionawr hyd yn oed roedd camau blaengar a recordiau byd yn cael eu sefydlu a'u torri ar y môr. Hyd yn ddiweddar iawn fyddai neb wedi credu y byddai cwch hwylio'n medru teithio'r holl ffordd o gwmpas y byd mewn 45 diwrnod, 13 awr a 42 munud. Ond dyna oedd y record a osodwyd ar 6 Ionawr gan *Banque Populaire V*, catamarán Ffrengig efo'r Prydeiniwr Brian Thompson yn aelod o'r criw. A thrwy fod yn rhan o'r criw sefydlodd Brian ei record ei hun fel yr unig Brydeiniwr erioed i fod wedi hwylio o amgylch y byd yn ddi-stop, bedair gwaith. Mae'r dyn yn arwr!

Ychydig wythnosau'n ddiweddarach chwalwyd record byd arall am y nifer o ddyddiau a gymerwyd i rwyfo ar draws yr Iwerydd gan unigolyn. Rhwyfodd Andrew Brown o La Gomera i ynys Barbados ym Môr y Caribî mewn 40 diwrnod, 9 awr a 41 munud. Roedd hyn 37 diwrnod yn gyflymach na'r amser gymerodd i Herdip a minnau efo'n gilydd i gyflawni'r daith yn 2007. Oedd, roedd cwch Andrew wedi ei gynllunio'n hollol wahanol, a hynny'n destun trafod, ond llwyddodd i guro timau o bump a oedd yn cystadlu yn ei erbyn, felly roedd ei lwyddiant yn arwydd sicr fod y byd rhwyfo moroedd yn datblygu ar raddfa newydd.

Yn yr un mis llwyddodd y ferch ieuengaf i hwylio o amgylch y byd ar ei phen ei hun, gan godi'r cwestiwn a ddylai hi fod wedi cael mynd yn y lle cyntaf. Yn un ar bymtheg oed roedd camp Laura Dekker yn un anhygoel, ac roeddwn yn llawn edmygedd ohoni, gan wybod na fyddwn i wedi para diwrnod ar y môr yn ei hoed hi.

Roedd yr holl newyddion am anturiaethau yn gwneud i minnau ysu am gael bod yn ôl allan ar y môr, a diolchais fy mod i'n mynd i gael teimlo gwynt yr heli ar fy wyneb yn fuan iawn eto ar fordaith ar draws y Cefnfor Tawel. Hwn fyddai'r trydydd cefnfor ar fy rhestr, a'r drydedd antur enfawr o fewn pum mlynedd.

Ond y tro hwn byddwn yn mentro ar antur dipyn yn wahanol – hwylio mewn cwch rasio 68 troedfedd. Er i mi dreulio dwy wythnos ar hugain yn rhwyfo'r cefnforoedd, a chael bod yn rhan o griw *La Réponse*, fedrwn i ddim anghofio mai prin iawn oedd fy sgiliau hwylio. Roedd cael y cyfle i ymuno efo cychod y Clipper Round the World Yacht Race yn un aruthrol felly. Dyma gyfle i ddysgu hwylio, i ddychwelyd ar y môr ac i ymdrechu i gyflawni'r gamp bersonol o groesi tri chefnfor.

Gweledigaeth Syr Robin Knox-Johnston yw'r Ras Clipper. Ef oedd y gŵr cyntaf i hwylio ar ei ben ei hun yr holl ffordd o gwmpas y byd yn ddi-stop yn 1968–9. Fe gymerodd y siwrnai 312 diwrnod. Roedd Syr Robin yn ymwybodol fod mwy o bobl wedi dringo i uchelfannau Eferest nag oedd wedi hwylio o amgylch y byd, ac roedd yn awyddus i newid hynny. Mae'n gymeriad amlwg iawn ym mhob sefyllfa, a gŵr y teimlwn yn falch iawn o gael y cyfle i fod yn ei gwmni, gan gynnwys yr ymweliad arbennig hwnnw ym Mhalas Buckingham.

Er 1996 bu'r cwmni'n rhoi'r cyfle i bawb, hwylwyr ac amaturiaid fel ei gilydd, i hwylio hyd at 42,000 o filltiroedd ar draws cefnforoedd y byd. Raced By People like You yw slogan y cwmni, a hynny'n cyfleu'r syniad fod y profiad yn agored i bawb sydd â blas am antur. Yn wir, mae'n agored i unrhyw un, hyd yn oed rhai sydd heb unrhyw brofiad o hwylio, a darperir pedair wythnos o hyfforddiant i bawb cyn cychwyn ar y fordaith anhygoel. Mae'n sefydliad hynod ryngwladol, gyda thrigolion dros ddeugain o genhedloedd yn ymuno yn y profiad. Mae'n fenter sy'n pontio pob gwahaniaeth oed, diwylliant ac iaith i greu ffrindiau oes.

Am un mis ar ddeg bydd llynges o ddeg cwch 68 troedfedd yn hwylio o Brydain ar draws gogledd Cefnfor Iwerydd tuag at Dde America, gan groesi'r cyhydedd, yna ymlaen tuag at Dde Affrica, gorllewin Awstralia, Seland Newydd a dwyrain Awstralia cyn anelu am y gogledd tuag at Singapore a Tsieina. Wrth groesi'r Môr Tawel bydd y llynges yn cyrraedd Califfornia gan hwylio drwy un o wyrthiau peirianyddol enwocaf y byd, Camlas Panama, cyn hwylio tuag at y Cerflun Rhyddid yn Efrog Newydd. I'r gogledd am Ganada wedyn cyn dychwelyd yn ôl am Ewrop ar draws Cefnfor Iwerydd. Mae yna bymtheg ras unigol wedi eu rhannu'n wyth cymal gan ymweld â thair ar ddeg o wledydd y byd.

Drwy ymuno â chymal chwech am y nawfed ras roedd y Clipper yn rhoi'r cyfle perffaith i mi gael hwylio hyd at 6,000 o filltiroedd ar draws y Cefnfor Tawel. Wedi ymchwilio i'r posibilrwydd o ymuno â'r ras ddiwedd mis Mawrth, yr un adeg ag y disgwyliwn glywed am Ras y Fastnet, roedd popeth wedi gorfod symud yn eithriadol o gyflym – hynny er mwyn sicrhau y byddwn i'n medru cyflawni'r hyfforddiant gorfodol yng nghanol amserlen brysur fy ngwaith a'r rasys ar *La Réponse*. Diolch byth i bopeth ddisgyn i'w le'n berffaith, gan gynnwys gorffen un ras yn

Cowes efo *La Réponse* ar fore'r 31 Gorffennaf, a brysio i Southampton er mwyn cael gweld y deg cwch yn cychwyn ar eu hantur enbyd.

Mae'r 6,000 o filltiroedd ar draws y Cefnfor Tawel yn fwy na dwywaith pellter fy nhaith rwyfo ar draws yr Iwerydd, a bron â bod yn ddwywaith hyd fy mordaith pan rwyfais ar draws Gefnfor India. Gan fod y Greenwich Meridian yn cael ei ddangos yn glir ac yn bendant ar ganol y rhan fwyaf o fapiau'r byd, bydd maint y Môr Tawel yn cuddio yn y cefndir. Mae'n anodd dehongli ei faint ac mae'n hawdd anghofio ei fod yn gorchuddio tua thraean o'r byd, sy'n llawer mwy na maint y tir ar yr wyneb.

Bedyddiwyd y cefnfor yn *Pacifico*, sef 'Tawel' gan yr anturiaethwr Ferdinand Magellan wrth iddo hwylio o amgylch y byd rhwng 1519 a 1522. Roedd yr enw'n addas i'r rhan o'r cefnfor roedd ef yn ei chroesi ar y pryd. Ond fedrai o ddim bod yn bellach o'r gwir am ogledd y cefnfor, y darn y byddwn i'n ei groesi. Rhwng maint a grym elfennau'r Môr Tawel doedd hi ddim yn anodd cyfiawnhau fy mhenderfyniad i benderfynu hwylio yn hytrach na rhwyfo'r cefnfor hwn.

Cymerodd fy ffrind Chris Martin, a'i gyfaill Mic Dawson, 189 diwrnod, 10 awr a 55 munud o rwyfo diddiwedd i gyrraedd o Siapan i San Francisco, gan osod record byd i fod y rhai cyntaf i rwyfo ar draws gogledd y Cefnfor Tawel. Roedd cael cydrannu tudalen 118 â nhw yn argraffiad 2011 o'r *Guinness Book of Records* yn werth chweil, ond ddim yn ddigon i mi gysidro rhwyfo y rhan honno o'r cefnfor . . . ddim eto, beth bynnag.

Carlamodd mis Ionawr heibio'n gyflym dros ben wrth i mi ymdrechu i gyfuno cyfrifoldebau gwaith llawn amser â dysgu hwylio. Roedd cyfuno cyfarfodydd gwaith dramor â chyfweliadau ar gyfer fisas i ymweld â Tsieina ac America yn dipyn o gamp hefyd. Fel llawer tro arall, roeddwn yn difaru bod mor flêr a di-drefn yn gadael popeth hyd yr eiliad olaf i gael fy mhasbort yn ôl o Lysgenhadaeth America cyn hedfan allan i Genefa ar gyfer gwaith gyda'r WHO (World Health Organisation). Mawredd mawr! Dwi'n dibynnu llawer gormod ar lwc ar dir sych, efo'r meddylfryd y medrai pethau fod yn llawer gwaeth ar y môr!

Chwefror

Yn llygad y camera

Happiness is not enough for me. I demand euphoria.
Bill Watterson

Roedd tri allan o bedwar penwythnos Chwefror wedi eu llenwi â hwylio. Ar y penwythnos cyntaf dychwelais i glwb hwylio Hayling Island, y clwb a fu mor gefnogol i'n paratoadau ar gyfer menter yr Iwerydd. Yno roedd Lucy, ei gŵr, Ian, a'u meibion Henry a Rupert, pedwar a fu'n rhan mor allweddol o'r ras gyntaf honno a'r llwyddiant o gasglu cymaint o arian at waith ymchwil metabolig. Roedd hwn yn achos a oedd yn agos iawn at galon Lucy gan gysidro fod Henry yn dioddef o salwch metabolig ei hun. Ond er gwaethaf hynny, roedd Henry bellach yn aelod o garfan ieuenctid hwylio *RS Tera Prydain*, a chefais yr anrhydedd o ymuno â'r garfan am y penwythnos. Dotiais at ymroddiad y plant i ddysgu hwylio, a hwythau mor ifanc, er gwaethaf oerfel mis Chwefror. Dwi'n sicr fod enillwyr Olympaidd y dyfodol yn eu mysg, gan gynnwys Henry, gobeithio.

Ar y penwythnos canlynol, a thîm rygbi Cymru'n chwarae yn erbyn yr Alban ym Mhencampwriaeth y Chwe Gwlad, cefais y cyfle i gyfuno rygbi â hwylio a mentro gyda gŵr o'r enw Meic Davies yn Neyland, ger Aberdaugleddau cyn rhuthro am Gaerdydd i wylio'r gêm yn fyw. Roedd hi'n braf cael y cyfle i weld cornel o Gymru nad oeddwn yn gyfarwydd â hi, a phob eiliad o ymarfer hwylio yn werthfawr. Y penwythnos canlynol daeth yr amser i gael un ymarfer olaf gyda hyfforddwyr Clipper, trefnwyr y ras, ac ymunais â naw o gystadleuwyr brwdfrydig eraill. Yn ychwanegol at y criw roedd criw teledu Telesgop. Yn dilyn trafodaethau efo S4C roedd Telesgop wedi derbyn comisiwn i ddilyn fy nhaith, nid yn unig wrth i mi ddysgu hwylio ond hefyd i'w dilyn yr holl ffordd ar draws y Môr Tawel.

Treuliais fy mhenwythnos olaf ar dir sych adref yn y Bala, gan fwynhau ymuno â disgyblion Ysgol Gynradd y Parc i ddweud hanes yr antur oedd o'm blaen. Cawsom hefyd swper teulu gwerth chweil i ffarwelio ac i ddathlu fod Cymru newydd guro Lloegr ac ennill y Goron Driphlyg. Cychwyn da i unrhyw antur.

Y noswyl cyn i mi hedfan allan, nid nerfau am y daith a oedd yn corddi yn fy stumog ond nerfau wrth i mi draddodi darlith am fy mhrofiadau rhwyfo yng nghlwb moethus y RORC. Gwyddwn mai gan forwyr y dôi'r feirniadaeth fwyaf llym o'm hanturiaethau. Wedi'r cyfan, nhw sydd fwyaf gwybodus am yr elfennau, y peryglon a'r risg a ddaw yn sgil mentro allan ar foroedd y byd, gan rai di-glem a dibrofiad yn arbennig. Ond bu'r gynulleidfa'n groesawgar ac yn gefnogol dros ben. Roedd hi hefyd yn wefr a hanner cael yr hwyliwr llwyddiannus ac enwog Brian Thompson yn y gynulleidfa, yn enwedig o gysidro'r hanesion a'r profiadau roedd ef wedi eu profi ar foroedd y byd.

Roedd hi'n addas iawn mai yno yn y RORC roeddwn i ar y noson cyn hedfan allan i ddechrau ar fy mordaith hwylio ar draws y Môr Tawel. Wedi'r cyfan, yno y daeth y cyfle cyntaf i mi gael dysgu hwylio, a hynny ddim ond ychydig dros flwyddyn yn gynharach.

Ond bu bron i mi beidio â chyrraedd maes awyr Heathrow ar fore'r 28 Chwefror. Wedi noson ddi-gwsg, gan deffro bob rhyw awr mewn panig y byddwn yn cysgu'n hwyr – dyna'n union a wnes i. Ac fel aml i dro arall, Gles, fy chwaer fawr, a achubodd y dydd pan ffoniodd i ddymuno siwrnai saff i mi ar fy nhaith. Ychydig a wyddai pan ffoniodd mai rhochian cysgu yn fy ngwely roeddwn i o hyd, heb siâp cyrraedd unlle heb sôn am groesi cefnfor mwya'r byd! Ond o fewn munudau o gael fy neffro, roedd gen i dri bag enfawr o nwyddau ac yn teimlo'n llawn cynnwrf wrth frysio'n wyllt i ddal fy awyren i hedfan allan i Qingdao yn Tsieina.

Wedi ras wyllt cyrhaeddais yn chwys i gyd i gwrdd â chriw ffilmio Teledu Telesgop: Gareth, Andrew a Stu. Am y tro cyntaf erioed roeddwn yn ymgymryd ag antur dan lygad barcud camera teledu. Yr oedd fy antur o hwylio'r Cefnfor Tawel yn mynd i fod yn destun rhaglen deledu. Profiad arall hollol newydd i fi, a doedd dim troi'n ôl bellach.

Mae gan fy ymennydd y gallu rhyfeddol i anghofio profiadau poenus – rhai corfforol a meddyliol – gan gofio'r munudau hapus, positif, llwyddiannus yn unig. Dyma sgìl angenrheidiol i bob merch, dybiwn i, neu fyddai neb yn dewis cael ail a thrydydd plentyn wedi iddynt brofi poen geni. Felly, wrth hel atgofion o'm hamser yn rhwyfo cefnforoedd y byd, dim ond cofio harddwch y cread wrth i'r haul godi a machlud ar y gorwel, neu wylio enfys liwgar yn disgleirio yn yr awyr las fydda' i, a gwenu wrth gofio am loddesta'n hapus ar siocled diddiwedd heb deimlo owns o euogrwydd ac ymfalchïo yn y degau o negeseuon o gefnogaeth, edmygedd a chariad a dderbyniais gydol y ddwy daith. Dwi'n falch iawn o'r ffordd y mae fy nghof yn caniatáu'r ddawn hon i mi. Yn sicr tydw i ddim eisiau atgofion o boen a diflastod yn hunllefau bythol.

Un o'r pleserau o ysgrifennu llyfr, yn hytrach na gwneud rhaglen deledu, yw bod llwyr ryddid gennyf i ddewis pa brofiadau i'w rhannu â'r darllenwyr. Ac yn bwysicach fyth, y rheolaeth i benderfynu sut i bortreadu ac egluro pob eiliad o brofiad, a'r posibilrwydd o allu troi pob poen a digalondid yn hiwmor a dewrder. Troi pob methiant yn ymdrech deg. Troi pob blerwch a llanast yn anlwc y tu hwnt i'm rheolaeth, a hynny heb i'r darlledwyr fod lawer callach am wirionedd y sefyllfa. Ond ar y bocs sgwâr byddai pob ochenaid o boen, pob tuchan o fethiant a griddfan o anobaith yn cael eu cofnodi gan y camera'n fanwl.

Wrth weld y criw ffilmio a'r holl offer yn aros amdanaf daeth mymryn o banig drosta' i. Beth os na fyddwn yn caru'r wefr o fod allan ar y môr gymaint ag y tybiaswn yn ôl fy atgofion unochrog? Beth pe na fyddwn i'n ymdopi â'r caledi o fyw ar y môr cystal ag y credwn? Fyddai yna ddim cyfle i guddio hynny rhag pawb adref nac i ddileu atgofion annifyr o galedi a dioddefaint os byddai popeth i'w weld yn fyw ar y bocs. Wrth ryfeddu ar yr offer di-ben-draw a oedd yn cyd-deithio efo ni i Qingdao, dyna'r gofidiau a groesai fy meddwl. A oedd rhannu profiadau fy antur mewn rhaglen deledu'n syniad da? Amser a ddengys, beryg.

Mawrth

Y Môr Tawel

Ymhell bell o dir a bae
Yr wyt ti'n un â'r tonnau...
Y Prifardd Tudur Dylan Jones

Wedi dwy awr ar bymtheg yn teithio, dyma gyrraedd Qingdao ar ddydd Gŵyl Dewi i brofi oerfel y gaeaf yn hytrach na'r gwanwyn yno. Roedd Telesgop wedi trefnu i ŵr lleol ein croesawu a'n gwarchod gydol ein hamser yno. Rhyddhad oedd ei weld yn aros amdanom yn y maes awyr. Hwn oedd fy nhro cyntaf yn Tsieina. A does yna ddim dadlau nad ydi mynd i wlad lle nad oes posib deall gair o'r iaith, ar lafar neu ar bapur, yn fwy o her na chrwydro lle mae'n hawdd dallt pob dim. Gan nad oeddwn yno ar fy ngwyliau nac i brofi diwylliant y wlad, er cymaint yr apêl, roedd hi'n braf iawn ei gael yn gymorth a pheidio gorfod meddwl am ddim ond paratoi at y daith hwylio.

Roedd hi'n amlwg fod Qingdao yn eithriadol falch o gael y Clipper Round the World Yacht Race yn ymweld â'r ddinas. Gwelwyd hynny'n amlwg yn yr holl baratoadau, gyda phawb a oedd yn cystadlu yn yr antur yn cael eu croesawu fel arwyr! Yn Qingdao y cynhaliwyd y cystadlaethau hwylio pan ymwelodd y Mabolgampau Olympaidd â Tsieina am y tro cyntaf erioed yn 2008, ac roedd y pum cylch lliwgar a fu'n hysbysu'r Olympiad er 1912 yn sefyll yn flaengar wrth fynedfa'r marina.

Efo pedwar diwrnod yn unig i fynd cyn dechrau'r daith, roedd yna lwyth o waith paratoi, ymgyfarwyddo efo'r cwch, *Visit Finland,* a dod i adnabod y criw y byddwn yn hwylio efo nhw. Heb os nac oni bai, syniad rhyfeddol iawn ydi antur fel y Clipper Round the World Yacht Race. Dyma gwmni sy'n cynnig cyfle i unrhyw un sydd ag awydd antur i hwylio'r byd, heb orfod cael profiad na gwybodaeth hwylio cyn ymuno â'r antur. Ond ar ôl taliad ariannol a gwneud pedair wythnos o gyrsiau hanfodol, roedd y profiad yn agored i bawb. Raced by People like You! Dyna'r slogan. A dyna sy'n arwain at hyd at ugain o bobl, sydd yn adnabod dim ar ei gilydd (yn aml heb wybod cyfenw nac oedran hyd yn oed), yn mentro mewn cwch ar draws moroedd mwya'r byd, gan wybod y medrai eu bywyd fod yn nwylo'r 'dieithriaid' hynny ar unrhyw funud o'r daith.

Cyd-fyw, a'r dynion a merched yn ddiwahân mewn un geto nad yw'n ddim byd mwy na charafán 68 troedfedd o hyd. Byddai dau ar bymtheg yn hwylio ar ein cwch ni, un ar bymtheg o griw a Stu, y dyn camera a fyddai'n ffilmio fy mhrofiadau. Deuddeg o ddynion, pump o ferched. Chwe chenedl wahanol a gwahaniaeth oed o dros ddeng mlynedd ar hugain rhwng yr ieuengaf a'r hynaf. Roedd saith yn teithio'r holl ffordd o amgylch y byd, a'r gweddill ohonom yn ymuno am gymal neu ddau, a'r cyfan dan oruchwyliaeth fanwl Ollie Osbourne, y capten.

Gŵr cymharol ifanc ydi Ollie, yn ddeg ar hugain oed ac yn ŵr bonheddig. A fedrai neb wadu nad oedd y cyfrifoldeb ar ei ysgwyddau yn enfawr. Roedd Ollie, fel pob un o'r naw capten arall a oedd yn gyfrifol am gwch yn y ras, wedi mynd drwy broses galed i gael ei benodi i'r swydd.

Mae dewis y deg sgipar yn broses hir a manwl. Mae hi'n allweddol cael y cymeriadau cywir ar gyfer swydd o'r fath, nid yn unig rhywun sydd â'r profiad a'r cymwysterau hwylio priodol, ond yr un mor allweddol yw dewis personoliaeth addas i gydweithio a chyd-wneud â phob math o gymeriadau o bedwar ban y byd.

Fe ymgeisiodd dros ddau gant o ddarpar hwylwyr am y deg swydd, a bu'r broses o ddewis y deg llwyddiannus yn un a gymerodd chwe mis, bron. Wedi tynnu rhestr fer drwy gyfweliad, aseswyd y rhai llwyddiannus drwy brawf ymarferol a oedd yn para am dri diwrnod llawn. Golygai hyn brawf i asesu gallu pob unigolyn nid yn unig yn hwylio, ond yn dysgu sgiliau hwylio i eraill, yn rasio'n gystadleuol, yn rhoi gorchmynion ac yn ymateb i argyfwng dan bwysau. Digwyddodd y cyfan mewn awyrgylch gystadleuol a'r ymgeiswyr yn cael eu gwthio'n galed.

Yn amlwg, felly, mae hi'n broses drylwyr a manwl, gan fod goruchwylio a rheoli criw amatur ar draws cefnforoedd mwya'r byd yn gyfrifoldeb aruthrol. Efallai mai ras i griwiau amatur yw'r Clipper, ond nid yw'r moroedd yn gwahaniaethau rhwng hwyliwr amatur ac un proffesiynol. Nid yw'r elfennau yn addasu i fod yn fwynach wrth un na'r llall. Fel yr unig berson proffesiynol ar y cwch mae'r pwysau sydd ar ysgwyddau pob sgipar felly'n barhaus, heb anghofio'r pwysau ychwanegol i fod yn gystadleuol ac i ennill pob ras.

Wrth egluro'r cyfrifoldeb ar ei ysgwyddau, dywedodd Mark Light, sgipar *Derry-Londonderry*:

Whenever I ask any crew member to go forward onto the foredeck for a sailing evolution in heavy weather or at night, I am very aware that things can go wrong. The pressure and anxiety felt at those times can be quite intense. I am the one person on board that has asked the crew to carry out that task and place themselves in a dangerous and potentially life threatening situation. I feel the complete responsibility of keeping these people safe!

Efo criw La Reponse *yn barod i gychwyn ar ras y Fastnet (Awst 2011)*

Rasio ar La Reponse

Llywio yn hamddenol ar La Reponse

Criw La Reponse *ar ôl disgyn allan o ras y Fastnet*

Casglu tlws Assauge efo Comodôr Andrew McIrvine

Lawnsio fy llyfr Saesneg yn siop y National Geographic Llundain

*Graddio yn
Dr Elin Haf Davies*

Gyda Dad a Mam ar ôl graddio

Gles a fi'n cyd-ddathlu'r graddio

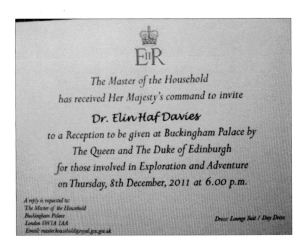

Gwahoddiad gen y Frenhines

Ymarfer llywio ar y Solent cyn
dechrau ras y Clipper

Gyda Sir Robin Knox Johnston ar
ddechrau ras y Clipper yn
Southampton

Hwylio ar fwrdd Visit Finland

Cyfathrebu ar y radio VHF

Ar y Cefnfor Tawel

Amser bwyd – byw mewn lle cyfyng

Cael ein golchi mewn ton eger

Dwylo poenus yn barhaol

Llywio ar y Cefnfor Tawel

Llywio yn y tywydd garw, gyda Carl wrth law yn goruchwylio

Pendwmpian ar egwyl, gyda Nina yn gwmni

Wedi ymlâdd

Ymlacio gyda Barry a Paul

Gyda Nina y Ninja yn cyrraedd y Golden Gate Bridge

Visit Finland *wedi cyrraedd San Fransisco*

Llawenydd gyda'r Ddraig Goch ar ôl cyrraedd yn San Fransisco

*Hwylio o flaen y
Statue of Liberty*

Derbyn y Ffagl Olympaidd gan Mark Foster

Gyda Bryn Terfel, cyn cario'r Ffagl

Rhedeg gyda'r Ffagl drwy ddinas Bangor

Dad yn sefyll ar y bin yn aros amdanaf efo'r fflam

Cyfarfod rhai o blant Ysgol y Parc gyda'r Ffagl Olympaidd

Edmygwn bob un o'r deg, nid yn unig am eu llwyddiant i gael eu dewis yn sgipar, ond hefyd am eu huchelgais o ymgymryd â'r swydd yn y lle cyntaf. Mae'r cyfrifoldeb yn barhaus, bedair awr ar hugain y dydd, bob dydd yn ddi-baid allan ar y môr. A hyd yn oed ar y lan, nid oes egwyl o'r gwaith na'r cyfrifoldebau. Mae'n rhaid sicrhau atgyweirio pob difrod a chadw pob noddwr yn hapus. Heb y noddwyr sy'n cefnogi pob cwch yn ariannol, fyddai yna ddim ras. Ac ar ysgwyddau'r sgipar mae'r cyfrifoldeb yn disgyn unwaith eto. Y cyfan yn ddiddiwedd am un mis ar ddeg. Ond am brofiad anhygoel i'r deg ohonynt!

Er mai efo'r Gwyddelod ar y *Derry-Londonderry* roeddwn i i fod i hwylio, cyn gorfod symud i wneud lle i Stu, y dyn camera, roeddwn yn hapus iawn yn cael hwylio dan oruchwyliaeth Ollie. Roedd wedi ennill llwyth o edmygwyr ar y cyrsiau dysgu oedd yn arwain at ddechrau'r ras, ac wedi cyrraedd y brig yn aml mewn rasys blaenorol.

Tra oeddwn yn Qingdao bu'n rhaid ymgymryd â diwrnod o hwylio er mwyn ymarfer y driliau argyfwng unwaith eto. Ac roedd rhestr ddiddiwedd o waith trwsio ac adnewyddu roedd angen ei wneud ar y cwch, heb sôn am ymuno â'r gweddill i brynu a phacio'r bwyd a oedd wedi ei ddewis ar gyfer y fwydlen. Prynwyd digon o gyflenwad i bara am dros fis. Wrth edrych ar y rhestr fwyd honno fe ddylwn i fod wedi rhag-weld nad oedd pethau'n argoeli'n dda ar gyfer prydau'r fordaith hon! Ond fuasai lleisio fy marn, neu'n waeth fyth ddadlau efo rhai eraill o'r criw am y peth ddim wedi bod yn syniad doeth. Buasai anghytuno neu ddadlau mor fuan ar ddechrau'r ras yn creu helynt diangen. Yn sicr nid oeddwn i eisiau enw drwg fel un oedd yn cwyno am bopeth! Roeddwn hefyd yn bryderus iawn beth oedd barn gweddill y criw am y ffaith fod dyn camera a llond trol o offer yn ymuno efo ni ar y fordaith, a hynny er mwyn fy ffilmio i!

Pen i lawr a chadw'n dawel oedd yr unig ddewis felly.

Roeddwn i, hyd yn oed, yn teimlo'n rhwystredig efo'r holl offer oedd efo ni ar gyfer y ffilmio! Nid yn unig fod gormod o lawer ohono, o ran tegwch â phawb arall a oedd dan reolau cadarn ar nifer y bagiau y câi pawb eu cludo ar y cwch, ond hefyd am fod rasio'n gystadleuol yn flaenoriaeth bwysicach i mi. A doedd cludo cymaint o offer trwm ddim yn mynd i helpu hynny. Does wybod beth oedd gweddill y criw yn ei feddwl, felly. Croesi fy nhrydydd cefnfor yn un darn oedd fy ail nod wrth ymgymryd â'r antur hon. Disgyn i'r trydydd safle, mae arna' i ofn, oedd cael y cyfle i recordio rhaglen deledu, er cymaint yr apêl i gael rhannu'r profiad efo teulu a ffrindiau adref. Er mor ddiolchgar roeddwn i gwmni Telesgop am wneud hynny'n bosib, ymddangosai'r holl offer yn fawr, yn drwm – ac o beth welwn i – yn hollol amhriodol ar gyfer y fordaith. Ond mater gwahanol oedd y ffilmio, ac wrth brynu'r holl fwyd doedd 'na ddim amdani ond derbyn y cyfarwyddiadau a'u dilyn heb ddweud gair.

Aeth y pedwar diwrnod yn Qingdao heibio ar garlam, ac fel llawer o'r cystadleuwyr eraill, roeddwn i hefyd yn manteisio ar bob cyfle i gymdeithasu fin nos. Efallai y byddai mis allan ar y môr yn egwyl fach wedi'r cyfan?

Ar fore dechrau'r ras roedd haen o eira ar ddec y cwch a llwydni cymylau mawr yn llenwi'r awyr uwchben adeiladau uchel Qingdao. Roedd o'n dipyn o wrthgyferbyniad i'r lliwiau llachar a oedd yn rhan o'r orymdaith a drefnwyd i nodi dechrau'r ras. Roedd yno ddegau o bobl leol mewn gwisgoedd coch a drymiau mawr swnllyd yn curo'n barhaus.

Roedd y sŵn yn ddigon i godi gwallt fy mhen a gyrru ias i lawr fy nghefn wrth gerdded tuag at y cwch efo gweddill y criw. Dyma ffordd anhygoel o godi cyffro ynghyd â chodi awch am antur ym mherfedd stumog unrhyw un.

Roedd y niwl a'r diffyg gwynt wrth y lan yn golygu nad oedd hi'n bosib cychwyn y ras yn Qingdao, felly trefnwyd i'w chychwyn drigain milltir i ffwrdd o'r tir. Hwyliodd pob cwch yn hamddenol dan beiriant at y llinell benodol a pharatoi er mwyn cychwyn yn y dull *Le Mans*, hynny yw, pob cwch yn rasio i godi'r ddwy hwyl flaen yr un pryd er mwyn cael carlamu dros y llinell gychwyn anweledig yn gyntaf. Fy mhrofiad cyntaf yn y ras, felly, oedd tynnu'r rhaff a fyddai'n codi'r hwyl flaen i fyny mor gyflym â phosib. Cydweithiodd pawb yn wych ac aeth popeth yn hwylus dros ben gan ein gweld ar flaen y llynges gychod yn y ras. Gwaeddodd Ollie mewn balchder o weld ei griw yn perfformio'n dda.

Rhannwyd y criw yn ddau dan yr enwau Sioux ac Apache. Gan obeithio mai hedfan y byddwn i! Newidiwyd yr enwau hynny yn Geriatrics ac Adolescents pan sylweddolwyd bod ein criw ni, Apache, yn dipyn iau na'r llall. Roeddwn i'n hynod falch o'r criw roeddwn yn rhan ohono, yn enwedig am fod Nina, merch o'r Ffindir, a minnau wedi gofyn yn benodol i Ollie am gael bod efo'n gilydd ac am osgoi bod efo ambell un neu ddau arall! Tair merch; pum dyn: dwy Finn, Rikka a Nina; tri Sais, Paul, Oliver a Derek; Barry y Gwyddel a minnau, oll dan arweiniad Carl, yr arweinydd gwyliadwriaeth o Sweden.

Wedi treulio cymaint o amser mewn cwch gwyddwn mai'r elfen anoddaf o fywyd ar gefnfor oedd cyd-fyw ag eraill mewn lle mor fach a chyfyng. A doedd bywyd ar *Visit Finland* yn ddim gwahanol i'r profiad a gefais ar fy nghychod rhwyfo *Dream Maker* a *Pura Vida* yn hynny o beth. Dwi'n cydnabod, wrth gwrs, fod gennyf bersonoliaeth gref. Dwi'n (rhy!) barod fy marn yn aml ac yn chwerthin yn uwch na'r hyn sy'n dderbyniol tra bydd eraill yn trio cysgu! Felly dwi'n ymwybodol iawn y gall elfennau o'm personoliaeth fynd ar nerfau eraill. Roedd cael y cyfuniad o bersonoliaethau a allai gyd-dynnu a chydweithio yn elfen hollbwysig a fyddai, mewn gwirionedd, yn penderfynu sut brofiad fyddai'r fordaith hon. Roedd hi'n amlwg iawn mai swydd anoddaf

Ollie fyddai cadw trefn ar ymddygiad pawb o'r criw. A doedd 'na neb yn eiddigeddus o'r swydd honno!

Trawodd salwch môr ran helaeth o'r criw, ac yn arbennig ar y rhai yng nghriw y Sioux. Mae 'na ddywediad am salwch môr – ar y dechrau fe fyddwch yn ofni marw, ar ôl cyfnod rydych chi'n poeni na fyddwch chi farw. Ac wrth weld ambell un yn dioddef dros y dyddiau cyntaf hynny roedd y dywediad i'w weld fel petai ynddo ryw wirionedd. Dwi'n eithriadol o lwcus nad ydw i wedi dioddef o salwch môr gydol yr holl amser a dreuliais mewn cychod. Fedra i ddim rhag-weld, felly, sut y buaswn i'n ymateb i salwch o'r fath. Mae llawer o'r rheiny sydd wedi dioddef yn fy rhybuddio ei fod yn uffern. Ond mae'n wir cyfaddef nad ydi fy sgiliau nyrsio i'n ddefnyddiol iawn mewn cwch. Dwi'n ddigon hapus yn gwagu chŵd allan o fwced, yn llenwi potel o ddŵr efo diod llawn halen a siwgr ac yn cynnig unrhyw gymorth yn y dyddiau cyntaf, ond wedi deuddydd neu dri, dwi'n mynd yn ddiamynedd ac yn brin iawn o gydymdeimlad. Fedra i ddim egluro'n iawn pam, ond tydi bod allan ar y môr ddim yn lle i nyrsio cleifion. Ac yn fy marn galon galed i, tydi o'n bendant ddim yn lle i nyrsio pobl nad ydynt yn fodlon gwneud ymdrech i helpu eu hunain.

Un peth a safodd allan yn fuan iawn oedd y gwahaniaeth amlwg yn y ffordd roedd pobl yn ymateb i'w salwch. Yn wir, dyna a'm trawodd fwyaf – y gwahaniaeth enfawr rhwng y rhai a oedd yn ymdrechu'n ddi-baid i godi ar gyfer gwneud pob shifft a chyfrannu at y tîm gymaint â fedrent rhwng y cyfogi a'r chwydu, tra ildiai eraill i feddylfryd y claf. Yr un a edmygais fwyaf yn hyn o beth oedd Nina, yn fam i ddau o blant ac yn arwres yn fy marn i. Oherwydd y siwt un-darn fawr ddu a wisgai ar y dec, bedyddiwyd Nina yn 'Ninja'.

Roeddwn i'n sicr fod gan Nina bŵer cudd. Yn berchen ar lygaid perlaidd, sy'n draddodiadol i lawer o frodorion gwledydd Sgandinafia, cyfathrebai Nina lawer mwy â'i llygaid na thrwy eiriau gydol y daith. Ambell ddiwrnod mi fedrwn gyfri ar fysedd un llaw sawl gair a ynganodd Nina drwy'r dydd, ond byddai ei llygaid yn siarad cyfrolau. O fewn ychydig ddyddiau roedd y ddwy ohonom yn dallt ein gilydd i'r dim. Un edrychiad yn unig oedd ei angen i gyfathrebu. Er gwaetha'r cyfogi a'r chwydu a flinai Nina'n ddi-baid dros yr wythnos neu ddwy gyntaf, wnaeth hi ddim peidio ag ymdrechu i wneud ei rhan yn deg.

Edmygais hynny'n fawr, yn ogystal â'r ffaith iddi ddewis gadael cariad a dau o blant adref i ymgymryd â'r antur. Hawdd oedd anghofio'r ffaith nad oedd hi erioed wedi hwylio o'r blaen, na hyd yn oed wedi bod allan ar y môr o'r blaen. Drwy adael cariad a phlant adref roedd hi'n gwneud rhywbeth roedd degau o ddynion yn ei wneud, ond ychydig iawn o ferched sy'n gwneud rhywbeth tebyg. Roedd hi'n braf iawn gweld Nina'n dewis aberthu cymaint er mwyn cael profi antur.

Wnaeth Nina ddim cwyno o gwbl, dim ond dal ati i wneud ei rhan o'r gwaith. Roedd y tawelwch yn ei chwmni yn un cyfforddus, a medrai wneud imi chwerthin efo dim ond un edrychiad o'r llygaid perlaidd hynny. Yn wir, roedd hi'n gydymaith perffaith ar antur o'r fath.

Un ferch arall sy'n sefyll allan yn hynny o beth yw'r hwylwraig broffesiynol Sam Davies. Yn 38 oed y mae Sam eisoes wedi hwylio o amgylch y byd yn ddi-stop ar ei phen ei hun. Bydd yn ymdrechu i gyflawni'r her eto eleni wrth gystadlu yn ras enwog y Vendée Globe, a fydd yn dechrau yn Ffrainc mis Tachwedd. Nid yn unig y bydd Sam yr unig ferch ar y llinell gychwyn, bydd hefyd yn gadael ei mab naw mis oed adref yng ngofal ei dad – efallai fod rôl dynion a merched yn y byd yn newid wedi'r cyfan. Byddaf fi, yn sicr, yn dilyn pob milltir o anturiaethau Sam ar y tonnau.

Ond yn ôl i'r Môr Tawel. Ar ôl croesi'r llinell gychwyn ar ddiwrnod cyntaf y ras, ches i ddim ymuno efo'r criw i ddygymod â bywyd yn y drefn newydd. Yn dilyn y rota, y fi a Tea, merch arall o'r Ffindir, oedd yng ngofal y bwyd am y pedair awr ar hugain cyntaf. Felly, dygymod â sleisio moron a thorri bresych gan siglo'n ôl ac ymlaen ar ongl o tua 45 gradd oedd yr her gyntaf fu'n rhaid i mi ei hwynebu! Doedd yna ddim digon o siâp arnaf i roi gobaith i Mam fod yna bosibilrwydd o wneud gwraig ffarm ohonof. Ddim eto, beth bynnag. Ond llwythwyd bowlen pawb efo rhyw fath o fwyd, a llwyddwyd i'w fwyta. Dyna'r her gyntaf drosodd, diolch byth!

Roedd y rota'n cylchdroi bob pedair awr liw nos a phob chwe awr yn y dydd. Bob yn ail noson, felly, dim ond un shifft fyddai'n rhaid ei chyflawni. Roedd chwe awr o egwyl yn y dydd yn nefoedd, yn arbennig o gymharu hynny â'r drefn roeddwn wedi arfer â hi wrth rwyfo. Yn wir, roedd y sefyllfa gyfan yn llawer haws.

Ond roedd yna gyfnodau rheolaidd pan fyddwn i'n ysu am fod yn ôl ar fy nghwch rhwyfo. Un o'r adegau hynny oedd wrth wisgo'r dillad garw dair gwaith y dydd cyn mentro allan ar y dec. Mae yna broblemau mewn rhwyfo'n noeth wrth gwrs. Ond tydi hynny'n ddim o'i gymharu ag ymbalfalu i mewn i ddillad trwm, gwlyb tra oeddwn yn siglo'n wyllt yn ôl ac ymlaen mewn cwch hwylio. Byddai'n rhaid i mi dynnu'r siaced dros fy mhen, ac yn ddi-ffael mi âi honno'n sownd hanner ffordd. Gadawai hynny fi'n mygu ym mherfeddion tywyll, tamp y siaced am rai munudau cyn llwyddo i ddianc o'r diwedd a chymryd anadliad mawr o awyr iach. Ar yr un pryd rhaid oedd ymdrechu i beidio â baglu dros weddill y criw a oedd yn brwydro drwy'r un trafferthion. Ac unwaith y llwyddem i wisgo'r dillad garw i gyd, rhaid wedyn fyddai ymbalfalu i wisgo'r siaced achub dros bob dim. Roedd hi'n broses a oedd yn blino rhywun cyn meddwl am ddechrau ar yr un gorchwyl arall.

Petai yna unrhyw beryg fy mod wedi anghofio grym y

môr, daeth atgof digon pwerus ar y trydydd diwrnod. Roeddwn wedi ymgynefino'n hawdd â'r drefn ac wedi cael mymryn o flas ar fod allan ar y dec mewn tywydd bywiog. Ond gwelem storm fawr yn codi ac aeth Carl, Derek a minnau fyny i drwyn y cwch i newid yr hwyl flaen am un lai ei maint. Roedd Carl a Derek yn rhan o griw *Visit Finland* a oedd yn hwylio'r holl ffordd o amgylch y byd, ac felly'n forwyr profiadol iawn bellach. Carl oedd arweinydd ein tîm ni hefyd. Efo Derek reit ar y blaen, Carl yn ail a minnau yn drydydd, cychwynasom ar y broses o ostwng yr hwyl tra oedd y gwynt yn sgrechian yn ein clustiau. Mae'n anhygoel sut fedr sŵn y gwynt fod mor annioddefol o uchel yn eich clustiau nes gwneud clywed unrhyw beth arall yn amhosib. Roedd sŵn y gwynt yn chwythu yn erbyn yr hwyliau yn uwch na'r hyn roeddwn wedi ei arfer ag o wrth rwyfo, hyd yn oed. Drwy ychwanegu cap cynnes a chôt fawr dros fy mhen a'm clustiau roeddwn i'n fyddar fel postyn. Dibynnu ar gyfarwyddiadau llaw fyddwn i gan amlaf, ond a'r awyr bellach yn tywyllu, doedd hynny ddim yn hawdd chwaith.

Wrth i flaen y cwch gael ei godi'n bwerus dros bob ton, byddai yna eiliad neu ddwy pan fyddai'r cwch yn disgyn drwy'r awyr cyn taro'n galed yn erbyn gwaelodion y don nesaf. Yn ystod yr eiliadau hynny, wrth ddisgyn, byddem ninnau hefyd yn sefyll heb ddim ond gwacter o dan ein traed, yn hofran bron yn yr awyr. Mae'n debyg mai modfedd yn unig, os hynny, fyddai rhwng gwadnau fy nhraed a llawr y dec, a dwi'n sicr na wnâi'r teimlad bara ond am eiliad neu ddwy. Ond bob tro, yn ddi-ffael, mi fyddai yna ryw bwl o ofn yn cydio ynof. Teimlwn yn ansicr a fyddwn yn dal yn sefyll ar fy nhraed pan fyddai'r cwch yn taro'r dŵr y tro nesaf, a hynny efo ffrwydrad enfawr. Hyn oll, wrth gwrs, wrth i ni barhau i ymladd efo hwyl a oedd yn llawn gwynt a dim pwt o awydd disgyn yn daclus ar y dec, er gwaethaf ein hymdrechion teg.

Ar y drydedd noson honno, tra oeddwn yn dal i geisio dygymod efo grym y symudiad dros don ar ôl ton (ac ymgyfarwyddo efo'r sgiliau angenrheidiol i fod yn effeithiol yn fy swydd yr un pryd), golchodd ton enfawr dros y dec i ychwanegu ar yr her. Efo tunelli o ddŵr yn llifo ar gyflymder anhygoel, teimlais fy nghoesau'n hofran y tu cefn i mi. Teimlai'n union fel petawn mewn rhyw osgo *superwoman* gan afael mor dynn ag y medrwn i yn y rheilen ar ochr y cwch. Wedi i'r dŵr i gyd lifo yn ôl i'r môr mor sydyn ag yr ymddangosodd (gan chwerthin wrth fynd, mae'n siŵr) disgynnais yn glep ar y dec. Clywn fy mhengliniau'n sgrechian mewn poen wrth iddynt gymryd pwysau fy nghorff i gyd.

Roedd Carl wedi dioddef yr un ysgytwad, a throdd ataf i sicrhau fod popeth yn iawn. Doedd yna ddim gobaith clywed dim a ddywedai, ond gydag un edrychiad i fyw fy llygaid a gwasgiad sydyn ar fy nwy ysgwydd teimlwn yn gysurach o gael ei anogaeth. A theimlwn fymryn yn fwy hyderus wrth ailgychwyn ar dynnu'r hwyl i lawr o wybod ei fod yno yn gefn i mi.

O'r diwedd roedd yr hwyl wedi ei newid, a'r adrenalin yn rhedeg drwy fy ngwythiennau am i mi lwyddo i ddyfalbarhau gyda'r dasg. Gorffwysais gyda gwên fawr o ryddhad. Roedd yr eiliadau hynny o gyffro yn brin iawn o'u cymharu â'r oriau lawer o ddiflastod pan na fyddai dim byd yn digwydd. Ond yr eiliadau hynny o gyffro fyddai'n cyfleu'r teimlad o antur y byddwn yn ysu am ei brofi ar y fordaith hon. Ar flaen y cwch yn newid yr hwyliau blaen y byddwn i hapusaf, yng nghanol y tonnau, a'r rheiny'n golchi drosta' i tra byddwn i'n crafangu i afael yn dynn rhag cael fy ngolchi dros yr ochr. Oedd, roedd gofyn am ymdrech gorfforol galed ar drwyn y cwch, ond bryd hynny y teimlwn y wefr o brofi grym yr elfennau.

Gyda phob troad o'r gwynt rhaid fyddai newid yr hwyliau am rai addas. Doeddwn i ddim wedi arfer efo'r ffasiwn obsesiwn am y gwynt. Wrth rwyfo roedd yna ddau fath o wynt – un y medrwn rwyfo ynddo, ac un na fedrwn rwyfo ynddo. Byddai unrhyw wybodaeth arall am y newidiadau yn y nerth, y grym a'r cyfeiriad y chwythai yn golygu fawr ddim. Ond ar gwch hwylio roedd gwybodaeth felly'n allweddol ac yn troi'n obsesiwn llwyr. Byddai unrhyw newid yn y nerth a'r cyfeiriad y byddai'r gwynt yn ein taro yn golygu y byddai'n rhaid newid cyfuniad neu ongl yr hwyliau.

Efo un hwyl ar ddeg ar y cwch roedd yno ddigon o gyfuniadau a newidiadau posibl. A'r hwyliau blaen (*yankees, storm gib, stay sail, spinnakers*) fyddai angen eu newid gan amlaf.

Mae'n werth nodi siart manylion y gwahanol hwyliau:

Hwyl	Maint	Pwysau	Gwynt
Mainsail:	111 metr sgwâr	190 kg	Reef 1, tua 21 not Reef 2, tua 28 not Reef 3, tua 35 not
Yankee 1: Yankee 2: Yankee 3:	128 metr sgwâr 84 metr sgwâr 67 metr sgwâr	300 kg am y 3 hwyl	10–18 not 16–25 not 25–30 not
Stay sail:	46 metr sgwâr	70 kg	Hyd at 35 not
Spinnaker ysgafn: Spinnaker ganolig: Spinnaker drom iawn:	364 metr sgwâr 247 metr sgwâr	150 kg am y tri hwyl	10–18 not 18–25 not
Windseeker:		30 kg	Llai na 10 not
Storm sails:		55 kg (y ddau)	

Gan mai ychydig iawn o wynt a gawsom i'n gwthio o'r tu cefn i ni, yr *yankees* a'r *stay sail*, nid y *spinnakers* fu'n rhaid i ni eu newid amlaf, a hynny yn ôl nerth y gwynt. Wrth i'r gwynt gryfhau rhaid fyddai gostwng maint yr hwyl a newid yr *yankee 1* am yr *yankee 2* neu'r *yankee 3* ac wedyn dewis hwyl fach y *storm gib* pan fyddai cryfder y gwynt dros 35 not. Ond mewn cwch o faint *Visit Finland* mae pob hwyl yn fawr ac yn drwm. Hyd yn oed yn sych, a heb fod yn diferu o dunelli o ddŵr y môr, mae'r *yankees* yn pwyso hyd at 100 kg yr un. Gan fod yr hwyliau'n cael eu cadw ar lawr y geto mae'n cymryd ymdrech fawr gan bedwar neu bump o griw i lusgo'r hwyl newydd i fyny ar y dec, heb sôn am yr ymdrech wedyn o godi'r hwyl ar yr hwylbren. Hyn oll tra oeddwn yn cael fy nhaflu o gwmpas fel doli glwt gan symudiad y tonnau. 'Two, four, six, heave!' fyddai'r alwad barhaus yng nghanol tasg o'r fath, a byddai llwyr ddibyniaeth ar gydweithio fel tîm i lwyddo.

Doedd gostwng hwyl yn ddim haws na chodi'r un newydd, chwaith. Byddai'r defnydd gwlyb, llithrig yn cael ei gipio o'n gafael gan y gwynt. Roedd hi'n frwydr a hanner a fyddai'n aml yn gwneud i ni anadlu'n drwm a'n gadael yn laddar o chwys erbyn i ni lwyddo i lwytho'r hwyl i mewn i'r bag o'r diwedd.

Ond er gwaetha'r caledi corfforol wrth frwydro efo'r hwyliau a'r tonnau di-baid, ar drwyn y cwch y byddwn i hapusaf, yn bendant. Roedd bod ar y trwyn yn golygu hefyd na fyddwn i'n gorfod bod yn gyfrifol am y llywio. Roedd llywio'n sgìl na fedrwn ei meistroli, ac roedd fy methiant i lywio'r cwch yn effeithiol yn achos cryn rwystredigaeth i mi. Mae'n gas gen i fethu dygymod â dysgu rhywbeth newydd. Ac er i amryw ddweud y deuwn yn fuan i deimlo symudiad y cwch ar y tonnau a'r gwynt yn yr hwyliau, y gwir amdani oedd nad oeddwn i'n teimlo dim, nac yn llwyddo'n well wrth wrth i'r dyddiau basio.

Cadarnhawyd hyn yn fy meddwl ar ddechrau'r ail wythnos pan gododd ton enfawr a tharo cefn y cwch tra oeddwn i wrth y llyw. Ysgydwodd y cwch mor egr fel y taflwyd Nina, a oedd yn sefyll wrth fy ochr, drosodd, gan achosi i minnau ddisgyn yn swp trwsgl ar ben Carl. Achosodd hyn i'r llyw ruthro'n wyllt o un cyfeiriad i'r llall wrth i dunelli o ddŵr dywallt drostom. Bu panig mawr am rai munudau nes cael y llyw yn ôl dan reolaeth a chyn i bethau fynd yn beryglus o flêr.

Fel llawer tro arall, melltithiwn y ffaith na wnes i ddysgu hwylio, a llawer sgìl tebyg pan oeddwn yn iau. Yn blentyn, mae'n bosib dysgu popeth yn reddfol heb orfod deall y rhesymeg y tu ôl i'r cyfan a chwestiynu pam a sut. Efo Llyn Tegid ar stepen fy nrws roedd hi'n fwy rhwystredig fyth na fanteisiais ar y cyfle.

Ond o leiaf wrth lywio roedd swydd benodol i'w gwneud yn hytrach nag eistedd mewn diflastod ar y dec yn disgwyl yn amyneddgar i'r amser gripian heibio. Yn yr oerfel, roedd yr amser fel petai'n sefyll yn llonydd. Ar ôl y ddwy fordaith rwyfo, fedra i ddim cofio sawl gwaith y gofynnwyd i mi pa mor ddiflas oedd gorfod rhwyfo am ddeuddeg awr y dydd. Oedd hynny i'w gymharu ag eistedd am oriau yn gwneud dim? Nac ydoedd. O leiaf roedd rhywbeth i'w wneud wrth rwyfo. Ond wrth hwylio efo criw mor fawr, gan wybod cyn lleied am y penderfyniadau ar ba gyfeiriad i'w gymryd yn ôl rhagolygon y tywydd, roedd yna lot fawr o amser pan fyddwn yn gwneud fawr ddim. Yn fy marn i, roedd llawer gormod o griw ar y cwch a dim digon o waith i gadw pawb yn brysur. Byddai llai o griw hefyd yn rhoi cyfle i mi ddysgu mwy.

Oedd, yn ddyddiol roedd tasg newydd gan bawb i'w chyflawni – archwilio'r injan, archwilio'r offer diogelwch, pwmpio'r dŵr allan o waelod y cwch, glanhau'r tai bach, ysgrifennu blòg ar gyfer y wefan. Oedd, roedd yna orchwylion, ond mewn diwrnod o bedair awr ar hugain, doedd yna ddim hanner digon ohonynt i gadw pawb yn brysur. Hel meddyliau oedd yr unig opsiwn, felly, wrth i ni gymryd ein tro ar y dec. Yn aml byddai'r nosweithiau'n rhewllyd oer gyda thonnau enfawr yn golchi drostom. Gydol yr amser, bron, fedrwn i ddim stopio crynu, a phangau'r oerfel yn crafangu ym mêr fy esgyrn. O dan y fath amgylchiadau roedd hi'n anodd iawn cynnal brwdfrydedd tuag at y fordaith. Beth ar wyneb y ddaear oeddwn i'n ei wneud yno? Yng nghanol y Cefnfor Tawel a'i elfennau digyfaddawd a'i beryglon, ac yng nghanol criw o ddieithriaid?

Ar blyciau byddai'r boen yn fy nwylo yn erchyll. Roedd hi fel petai'r oerfel yn crafangu i ddarganfod y mannau gwannaf a'r mwyaf bregus yn fy nghorff. Mae fy mysedd yn dal yn boenus hyd heddiw ar ôl treulio 154 o ddyddiau yn rhwyfo ddeuddeg awr y dydd. Ac yn yr elfennau hynny fedrwn i ddim o'u hatal rhag plygu'n boenus yn sgil effaith yr oerfel. Roedd pob osgo o symudiad yn boenus, ac unrhyw ymdrech i ddefnyddio'r bysedd yn amhosib heb i boen aruthrol saethu'n wyllt i fyny fy mraich. Mae'n beryg fy mod wedi sicrhau dyfodol o arthritis i mi fy hun. Ac mae awr ar ôl awr yn eistedd, heb ddim i'w wneud ond crynu o oerfel, yn ddigon i wneud i unrhyw un gwestiynu apêl y fath antur, a'r effaith andwyol ar fy nghorff truenus.

Ond er gwaetha'r boen, roedd yna rywbeth greddfol yn dweud mai yno ar y môr roeddwn i fod. Mae'r teimlad hwn wedi troi'n ysfa na allaf ymwrthod â hi bellach. Ac mae'r oriau o hel meddyliau a ddaw yn sgil eistedd heb ddim i'w wneud ond syllu allan ar y gorwel (yng ngolau dydd neu yn nhywyllwch dudew'r nos) wedi rhoi mwy na digon o gyfle i mi bendroni dros bethau felly. Mae adeg o'r fath yn gyfle perffaith i asesu pob agwedd o'm bywyd, drwy ficrosgop a thelesgop. Fel y dywedodd Paulo Coelho, 'If you think adventure is dangerous, try routine. It is lethal.'

Mae fy mywyd yn llawn anghysondebau sy'n croesddweud ei gilydd ar lawer lefel ac ar raddfa eang. Byddai'n well gen i fyw nosweithiau lawer yn wynebu oerfel a thonnau'r Môr Tawel yn hytrach na threulio un noson ddiflas yn diogi ar y soffa yn gwylio opera sebon ar y bocs gan feddwl mai yno y mae canfod fy nghyflenwad o gyffro a chyffur bywyd. Does yna ddim yn codi mwy o ofn a digalondid arnaf na hynny. Mi fuasai dioddef pob diwrnod o'm hoes yn cylchdroi yn yr un un patrwm, gyda phob diwrnod yn ailadrodd yr un o'i flaen yn fwy annioddefol nag unrhyw beryglon ddaw drwy antur. Cloc larwm, codi, brecwast, gwaith. Adre, swper, teledu, gwely. Pum diwrnod yr wythnos, ddydd ar ôl dydd. Dyna beth fyddai hunllef i mi!

Rydw i'n ferch yn fy nhridegau ond ar y funud rwy'n ysu mwy am gael teimlo gwynt y môr ar fy wyneb yn hytrach na theimlo baban yn bwydo ar fy mron. Rydw i'n llawn balchder o'm gyrfa fel nyrs blant ond yn dewis gweithio o flaen sgrin y cyfrifiadur yn hytrach nag efo plant yn uniongyrchol.

Weithiau byddwn yn barod i wneud unrhyw beth a all leddfu'r llais yng nghefn fy meddwl sy'n gweiddi arnaf i fentro mwy a gwthio ymhellach. Dychmygaf yn aml y byddai'n braf iawn medru bodloni ar bleserau bach bywyd a pheidio ag ysu'n barhaol am antur. Ond fedra i ddim.

Mae gen i bersonoliaeth gaethiwus. Antur ydi fy nghyffur i. O'r cyffuriau sydd ar gael, mae antur yn un o'r rhai gorau i'w dewis, dybiwn i. Mae o'n cyfuno chwaraeon a chyfle i gadw'n ffit ac yn iach o leiaf, ac yn gyfle i wthio corff a meddwl i'r eithaf. Mae'r gair dibyniaeth yn cyfleu delwedd negyddol, ond tydi o ddim yn golygu cael effaith andwyol bob amser. Mae fy mywyd anturus wedi mynd â fi i bedwar ban byd ac i uchelfannau personol. Fyddai dim ohono wedi bod yn bosib oni bai fy mod wedi gwrando ar y llais bach hwnnw sy'n fy ngwthio i brofi a mentro mwy. Tydi dyfalbarhau yn ddim mwy na ffrae fach rhwng dau lais yn fy mhen; un sy'n dweud wrtha' i am roi'r gorau iddi a bodloni ar fywyd haws, ac un sy'n dweud wrtha' i am ddal ati a brwydro am fwy. Y llais olaf hwnnw sy'n fy ngyrru ymlaen i ymdrechu at gyrraedd fy mhotensial.

Tydi o'n gwneud dim synnwyr, wrth gwrs. Yn yr un modd, fe'i caf hi'n anodd dallt fy ymwybyddiaeth o genedlaetholdeb. Dwi'n teimlo balchder eithriadol yn fy Nghymreictod, ac yn dweud hynny wrth unrhyw un sy'n fodlon gwrando. Mae hwnnw'n gyfle sy'n dod yn aml iawn drwy fod yr unig Brydeiniwr sy'n gweithio mewn sefydliad rhyngwladol. *Je ne pas Anglaise, je suis Galloise!* Hynny dro ar ôl tro, ac yn aml iawn wrth lawer nad ydynt wedi clywed am Gymru, heb sôn am wybod fod gennym ein hiaith a'n diwylliant ein hunain.

Ond eto roeddwn yn dewis byw yn Lloegr ac yn adnabod strydoedd lliwgar Llundain yn llawer gwell nag oeddwn i'n adnabod cefn gwlad Cymru. Magwyd fi'n weriniaethwr, ond ar y cyfle cyntaf i ddangos fy ochr roeddwn wedi neidio at y cyfle i dderbyn gwahoddiad y Frenhines i ymweld â'r Palas. Ac eto roeddwn yn dadlau'n erbyn y bygythiad i gau Ysgol y Parc, ac yn teimlo rhwystredigaeth enbyd wrth wylio'r boen a theimlo'r tor calon a brofai fy nheulu a'm ffrindiau wrth iddynt frwydro mor daer yn erbyn penderfyniadau cynghorwyr Gwynedd.

Teimlwn hyn yn ddyfnach o wybod yn bendant sylfaen mor ardderchog a gefais o gael fy magu mewn cymuned o'r fath. Os na fedrwn i ddehongli pam fy mod i'n dewis byw yn Llundain yn hytrach nag ym mro fy mebyd, yn rhan o'r gymuned a'm magodd, fedrwn i yn sicr ddim dehongli pam roedd Cymry Cymraeg eraill yn dewis dinistrio un o'u cymunedau eu hunain drwy gau'r ysgol. Dyma un o bentrefi unigryw Cymru o safbwynt diwylliant, iaith a chymeriadau –

popeth sy'n ein gwneud yn wahanol i'r Saeson dros y ffin. Mewn blynyddoedd i ddod mae gwir bosibilrwydd na fydd pentrefi fel hyn ar ôl yng nghefn gwlad Cymru. Dim ond creithiau lle bu cymunedau. Mae'r rhwystredigaeth o wylio hynny yn llawer anoddach nag ymdopi efo'r elfennau ar y moroedd, na'r ymdrech i ddeall yr holl anghysonderau yn fy mywyd a'r ysfa barhaus i wneud 'rhywbeth'.

Dwi'n amau bellach fy mod i'n gweddu i fywyd ar y môr dipyn gwell nag ydw i â bywyd ar dir sych. O leiaf allan ar y môr dwi'n gwybod yn union beth fydd yn fy nisgwyl. Gwybod beth sydd angen ei wneud. Ambell waith ar dir sych dwi'n teimlo rhyw ansicrwydd ynglŷn â beth i'w wneud nesaf. Allan ar y môr mae pethau'n gorfod digwydd, heb ddim lle i bendroni, heb amser i ddiogi neu i ohirio at yfory orchwylion fydd yn rhaid eu cyflawni heddiw, a hynny gan amlaf ar funud benodol. Yn y rhan fwyaf o sefyllfaoedd ar dir sych mae'n hawdd osgoi gwneud penderfyniadau gan adael pethau at yfory, at rywbryd arall. Yn hynny o beth mae bywyd ar y môr yn hynod syml, yn hynod hawdd.

Ond nid y diflastod wrth rynnu yn yr oerfel yn hel meddyliau, na'r rhwystredigaeth wrth fethu meistroli llywio oedd yr elfennau a'm gwnaeth yn fwya blin ar y cwch. Na, y bwyd oedd hwnnw. Neu'n hytrach y diffyg bwyd, a bod yn fanwl gywir. Roedd yna lawer o resymau pam nad oedd y fwydlen mor gynhwysfawr ag y medrai fod. Y diffyg dewis oedd ar gael yn Tsieina oedd un, a'r gyllideb brin o £3.25 y person y diwrnod y rheswm arall. Ond ar ddiwedd y dydd, fedrwn i ddim peidio â theimlo mai'r ferch a luniodd y rhestr o'r bwydydd angenrheidiol oedd fwyaf ar fai drwy wneud penderfyniadau gwael iawn. Un wers bwysig a ddysgais at y dyfodol: peidio â gadael i ferch denau nad oedd yn bwyta fawr ddim i fod yn gyfrifol am ddewis y maint a'r math o fwyd ar gyfer antur fel hon! Bwyta yw un o bleserau mwyaf fy mywyd – mae hynny'n wir wrth fyw o ddydd i ddydd ar y lan hefyd. Mae o'n gan mil pwysicach allan ar y môr. Yno dyna'r cysur mwyaf oll. Ond yn ôl y fwydlen a baratowyd ar gyfer y daith hon, doedd yna fawr ddim pleser i'w gael, nid yn unig o achos y bwyd a brynwyd, ond hefyd oherwydd y tywydd garw a wynebem yn ddyddiol a oedd yn gwneud yr amodau coginio bron yn amhosib.

Brecwast oedd y pryd gorau, am wn i. Wedi'r cyfan, fedrwch chi ddim gwneud gormod o lanast efo uwd. Tydi lwmp neu ddau ddim yn ddrwg pan fydd hi'n bosib ei foddi efo llwyaid o siwgr a mêl a sleisen neu ddwy o oren.

A'r cinio oedd y pryd gwaethaf bob tro. Gan amlaf, cawl fyddai ar y fwydlen. Ond dim cawl maethlon llawn daioni, wrth gwrs. Yn hytrach cawn ryw fersiwn Tsieineaidd o Cup a Soup. Oedd, roedd o'n ddigon blasus o gysidro beth oedd o, ac yn hawdd iawn i'w baratoi wrth ychwanegu dŵr berwedig ar ei ben. Ond a hwnnw'n cynnwys 49 o galorïau'n unig, doedd ynddo ddim maeth nac egni. Yn ôl y fwydlen, roeddem i fod fwyta torth o fara ffres efo'r cawl hefyd. Ond anaml iawn fyddai'r dorth yn plesio, pan fyddai ar gael. Roedd y lleithder a'r oerfel yn golygu na fyddai toes y bara bron byth yn codi. Doedd y popty bara ddim yn gweithio'r rhan fwyaf o'r amser a phob torth yn medru cymryd hyd at dair i bedair awr i grasu. Yn hytrach nag oedi felly, bwyta tamed o fara oedd â'r un ansawdd â chlai a fyddem.

Roedd safon y bwyd yn gyfnewidiol iawn wrth gwrs, a hynny'n dibynnu gan amlaf ar dro pwy fyddai hi i fod ar *motherwatch* a beth oedd ar gael ar y fwydlen iddynt fedru ei baratoi. Roedd rhai'n dipyn mwy naturiol yn eu hymdrechion yn y gali, rhai yn dipyn mwy parod i dreulio oriau lawer yn gwneud ymdrech fawr, a rhai, fel finnau yn casáu'r profiad yn llwyr. Ac wrth i'r wythnosau fynd yn eu blaen roedd yr awydd i ymdrechu'n disgyn ar yr un cyflymder ag yr oedd y llysiau'n pydru. Tydi gwaed, chŵd, neu hylifau corfforol o unrhyw fath ddim yn troi fy stumog ryw lawer, ond mae gwthio bys drwy lysiau wedi pydru yn gwneud hynny! Ac yn y lleithder, byddai pob llysieuyn yn llwydo ac yn pydru.

Pan benderfynodd Ollie fod yr amser wedi dod i daflu'r llysiau dros yr ochr, doedd yna neb yn hapusach na fi! Fedrwn i ddim deall rhesymeg unrhyw ffŵl allai feddwl y byddai llysiau ffres yn addas ar gyfer y fath leoliad. Dwi angen colli pwysau, ond tydi bod allan ar y môr yn oerfel y Cefnfor Tawel ddim yn lle addas i ddechrau colli'r braster. Roeddwn i'n ysu am y bwyd sych a fwytawn pan oeddwn yn rhwyfo, bwyd a oedd yn hawdd i'w baratoi, a hwnnw'n llenwi rhywun yn ddigonol. Falle na fyddai ei olwg yn y bag yn ddigon i ennill cystadleuaeth gweini mewn gwesty crand, ond roedd o bob amser yn boeth ac yn cynhesu'r corff ar y diwrnodau oeraf.

Er gwaetha'r boen o orfod codi bob pedair awr liw nos, roedd y cyfnodau cymharol hir o egwyl yn golygu na ddioddefais ddim o'r diffyg cwsg sy'n dueddol o'ch llethu a'ch dadrithio wrth rwyfo bob dwy awr. Yr her fwyaf i fi gan amlaf fyddai cyrraedd fy sach gysgu. Roedd fy ngwely bync i ar flaen y cwch, a hwnnw ar y top. Golygai hyn fod angen dringo dros un bync er mwyn ei gyrraedd. A hynny yn unol â symudiadau gwyllt y cwch ar y pryd, roedd hi'n medru bod yn dipyn o gamp felly cadw balans i ddringo i fyny, heb sôn am ymbalfalu wedyn i mewn i'r sach gysgu. Ond roedd hi'n dipyn mwy o ymdrech ymbalfalu allan o gynhesrwydd y sach gysgu yn ddiweddarach.

Mae derbyn negeseuon o gartre'n rhan allweddol o gynnal yr ysbryd ar daith o'r fath. Ac mi fyddai derbyn ambell neges yn rhoi hwb heb ei ail, er i mi dderbyn bil o $329 am yr holl negeseuon ar ddiwedd y daith! Ond bu derbyn un e-bost arbennig yn werth pob ceiniog o'r gost. E-bost yn gofyn i mi fod yn feirniad yn Eisteddfod Genedlaethol Sir Ddinbych oedd hwnnw! Wel, sôn am fraw! Fedrwn i ddim peidio â meddwl mai jôc oedd y cwbwl pan ddaeth y neges drwy law Elliw, fy chwaer yng nghyfraith. Chwarddais yn uchel wrth ddarllen yr e-bost gan achosi i'r criw edrych yn ddigon rhyfedd arna' i. Doedd ymdrechu i egluro braint y gwahoddiad i bobl nad oedd erioed hyd yn oed wedi clywed am eisteddfod ddim yn bosib, wrth gwrs.

Fedrwn i ddim credu fod y peth yn wir. Fyddai Mr Dewi Davies, fy athro Cymraeg yn Ysgol y Berwyn, ddim yn credu'r ffasiwn beth chwaith, mae hynny'n siŵr. Ac unwaith eto rhyfeddais gymaint roedd fy mywyd wedi ei drawsnewid ers i mi wthio fy nghwch rhwyfo oddi wrth wal harbwr La Gomera ac anelu am orwel Cefnfor Iwerydd. Dim ond ychydig dros bedair blynedd oedd wedi pasio ers cychwyn y fordaith honno. Ond eto i gyd roedd y cyfleoedd a'r antur a ddaeth yn ei sgil yn dal i oleuo fy mywyd, yn aml iawn mewn ffyrdd na fyddwn byth wedi medru eu rhag-weld. Cyhoeddi llyfr a gyrhaeddodd restr fer Llyfr y Flwyddyn 2011. Cyfres deledu'n dilyn un o'm hanturiaethau. A rŵan roeddwn ar fin bod yn feirniad yn yr Eisteddfod Genedlaethol. Roedd fy nghalon yn ffrwydro â balchder! Roedd yr holl brofiadau'n unigryw ac yn hollol anhygoel, ac un ar bymtheg yn fwy o bobl yn y byd yn gwybod am fodolaeth yr Eisteddfod bellach.

Doedd dim rhaid dibynnu ar negeseuon o gartref i godi gwên ar fy wyneb bob tro chwaith. Roedd Gles, fy chwaer, a Karen, fy ffrind pennaf, wedi lapio anrhegion bach i mi eu hagor ar y daith. Yn rhan o anrheg Karen roedd dros ddeg ar hugain o ddyfyniadau ysbrydoledig, un ar gyfer pob diwrnod. Dim ond brawddeg fach neu ddwy yr un, ond geiriau gwerthfawr a fyddai wastad yn rhoi hwb bach o'r newydd i mi. Roedd anrhegion bach Gles hefyd yn rhoi cymaint o hwb – un yn arbennig, a hwnnw'n un corfforol, llawn siwgwr, sef fy hoff fferins!

Mae cyd-fyw mewn amodau anodd yn blino pawb ar

blyciau, ac i ambell un roedd hynny'n amlwg yn ei hwyliau. Mae 'na ddywediad Saesneg: 'You can't change the wind, but you can adjust the sails'. Byddwn wrth fy modd yn meddwl am y cyfieithiad Cymraeg: Fedrwch chi ddim newid y gwynt ond mi fedrwch addasu eich *hwyliau*! Fedrwn ni wneud dim i newid y byd o'n cwmpas wrth gwrs, ond mi fedrwn ni ddewis sut i ymateb i bob dim a ddaw. Mae hynny'n wir ar dir sych, hyd yn oed.

Mae ymateb efo gwên i bob dim yn gwneud ymdopi â phroblemau lawer yn haws yn y pen draw. Mae gwên yn ffordd dda o guddio poen. A dwi'n gwybod o brofiad y bydd y boen bob amser yn cilio yn y diwedd. Yr eiliad honno pan fydd y cwch yn fy nhaflu i gyfeiriad annisgwyl, neu don o ddŵr yn golchi drosta' i, mae gen i ddewis i'w wneud: gwgu oherwydd y drafferth a'r boen, neu wenu a chofio na wnaeth natur addo dim byd gwahanol i ni.

Efo cryfder y gwynt yr hyn ydoedd, golygai ein bod ni'n bodoli ar ongl o tua 40 gradd yn barhaus ar y cwch. Roedd to bron â bod yn wal, a wal bron â bod yn llawr. Byddai popeth yn hedfan allan o'i fan cadw os na fyddai wedi ei glymu'n dynn. Mae hi'n cymryd tipyn o waith dygymod ag amodau felly. Rhaid i bob cerddediad fod yn ddibynnol ar afael yn dynn mewn rheilen. A'r felltith o fod yn fyr â breichiau byrion hefyd yn boen unwaith eto gan nad oedd hi'n bosib estyn o un rheilen i'r llall bob amser. Ar adegau felly, hiraethwn am fod â breichiau fel rhai orangwtang!

Yn yr amodau byw cyfyng hynny, un peth a'm trawodd oedd gymaint roeddwn yn colli cysylltiad corfforol ag eraill. Mae'n beth od iawn, ac un digon anodd i'w egluro. Ond wrth i bawb ymdrechu'n galed i barchu gofod personol pawb arall, byddai pob un yn mynd ati i osgoi pob cyffyrddiad damweiniol, hyd yn oed. Tra oeddwn yn rhwyfo ar *Pura Vida* roedd hi'n amhosib peidio taro i mewn i'n gilydd ambell waith, ac ar ddyddiau digalon mi fyddem ni'n cofleidio mymryn er mwyn rhoi hwb o gefnogaeth i'n gilydd. Ond a ninnau yn griw o ddieithriaid ar *Visit Finland*, doedd dim disgwyl cofleidio eraill ar adegau o deimlo'n isel.

Felly pan gyfaddefodd Barry, y Gwyddel, ei fod o'n teimlo reit ddiflas ac yn meddwl bod angen 'hug a day' arno, roeddwn i'n hapus iawn i wirfoddoli! Bûm yn falch iawn o gwmni Barry a Paul gydol y daith. Ar wahân i gwmni hamddenol Nina a Carl, y ddau a wnaeth i mi chwerthin fwyaf oedd Barry a Paul, a diolch amdanynt. Roedd hiwmor digalon sych Paul yn wych, a'i ymdrechion i sefyll wrth fy ymyl bob tro y byddai'r camera'n recordio yn destun ambell jôc.

Roeddwn i hefyd yn rhyfeddu at allu Ollie i fod mor gymedrol, mor dawel ei ffordd bob amser. Fydde fo byth mewn brys, yn fyr ei dymer, nac yn flin o gysidro cyn lleied o gwsg a gâi wrth orfod bod wrth law i ymateb i bob dim. O gysidro'r elfennau, roedd y peth yn anhygoel. Edmygwn hynny'n fawr, er i mi ysu'n dawel bach am weld rhyw faint o angerdd, ychydig o dân a fyddai'n rhoi hwb i ni fel criw i ymdrechu'n galetach. Ond arwain o'r blaen yn hamddenol wnâi Ollie, a'i ffordd yn dangos yn amlwg ei fod yn hwyliwr ac yn sgipar talentog.

Mae newyddion o gartre'n rhoi hwb mawr wrth gwrs. A fedrwn i ddim stopio gwenu o glust i glust pan ddaeth y newydd fod Cymru wedi ennill cystadleuaeth y Chwe Gwlad. Dyma'r ail waith i'r bois ennill y Gamp Lawn tra oeddwn allan ar y môr. Y tro cynt oedd yn 2008 pan oeddwn i'n rhwyfo'r Iwerydd. Taswn i'n medru darganfod unrhyw gysylltiad rhwng carfan Cymru yn ennill a minnau allan y môr mi fyddwn i'n fodlon iawn colli gwylio pob gêm yn fyw er mwyn gweld y garfan yn llwyddo pob tro!

Daeth y fuddugoliaeth â rheswm perffaith i mi gael hedfan y Ddraig Goch yn ngwynt egr y Môr Tawel. Ond gorfu i mi ddibynnu ar y gŵr ifanc o Sweden i fedru gwneud hynny. Roedd un o'r criw, Carter, yn hyfforddwr rygbi a oedd wedi treulio ei oes yn cefnogi carfan Lloegr. Pan ddaeth y newydd am fuddugoliaeth Cymru fe fanteisiodd ar y cyfle i ddwyn fy fflag a oedd hongian wrth fy ngwely. Bu dipyn o ddadlau hwyliog a Carl yn dwrdio, nes i'r Ddraig Goch ailymddangos, a chyfle i mi gael canu 'Hen Wlad fy Nhadau'. Ymunodd eraill yn yr hwyl a chafwyd clywed anthem genedlaethol Sweden a Ffindir yn llenwi'r awyr hefyd.

Bu'r tywydd garw'n ddigyfaddawd a fedrwn i ddim bod wedi rhag-weld mai'r effaith fwyaf andwyol ar hwyliau pawb fyddai'r diffyg haul. Am naw diwrnod ar hugain yn ddi-baid fe arhosodd gwyntoedd cryfion a chymylau mawr llwyd yn gwmni i ni. Roedd gweld yr haul yn machlud ac yn gwawrio, gan lenwi'r awyr â lliwiau llachar o oren, melyn, pinc a choch, yn un o'r elfennau hapusaf yn fy nwy fordaith rwyfo. Ond chefais fwynhau dim ohono yng nghanol llwydni diddiwedd y Cefnfor Tawel.

Golygodd y tywydd garw parhaol mai hwylio'n ofalus dan y *storm gib* y buom ni gan amlaf, yn hytrach na rasio'n gyflym dan bŵer yr *yankees*. A ninnau erbyn hyn yn disgyn i gefn y fflyd gychod, roedd yn rhaid ymdrechu i anwybyddu'r siom a dibynnu ar elfennau eraill o'r daith i gadw ysbryd positif. Gweld pellter y milltiroedd oedd i'w croesi yn lleihau oedd yr elfen honno i mi. Ond wrth weld y milltiroedd rhyngom ni a'r cychod ar y blaen yn ymestyn yn hytrach na lleihau, teimlwn yn flin ein bod ni'n gwneud mor wael yn y ras. Mae'n anodd bod yn berson cystadleuol pan fyddwch chi'n colli!

Ond roedd cyrraedd y Ddyddlinell (International Date Line) yn nod arbennig ar y daith. Er cymaint fy amser ar y moroedd, nid wyf erioed wedi croesi'r cyhydedd, y llinell anweledig sy'n dynodi gwregys canol y byd. A dyna fy nhro cyntaf yn croesi llinell allweddol arall: y llinell ddychmygol arall sy'n rhedeg o Begwn y Gogledd hyd at Begwn y De, ar hyd y Cefnfor Tawel a dilyn y llinell hydred 180 gradd, y rhan fwyaf gyferbyn yn union â'r Greenwich Meridian, sy'n rhedeg drwy Brydain. Golygai hyn fy mod i, mewn gwirionedd, ar ben arall i'r byd o'i gymharu â Gwledydd Prydain, a'm cartref yn Llundain, dafliad carreg o Greenwich ei hun.

I ddynodi'r digwyddiad trefnodd fy ffrind Rhian Llwyd Dafydd i mi dderbyn llythyrau gan ddisgyblion Ysgol y Parc fel dathliad. A sôn am lythyrau da a ddaeth â deigryn i'm llygad! Wrth gwrs, roedd ambell lythyr yn golygu mymryn yn fwy na'i gilydd am fod yna rai o ddisgyblion yr ysgol yn cynnwys nai a nithoedd i mi. Mae pum cenhedlaeth o'n teulu ni wedi derbyn eu haddysg yn Ysgol y Parc, felly mae'n ganolfan sy'n golygu llawer i ni fel teulu. Roedd cael cysylltu â'r ysgol ar y ffôn lloeren er mwyn cael sgwrs efo rhai o'r disgyblion yn hwb mawr i'r galon.

Roedd diwedd y daith bellach yn agosáu, a phob llygad yn craffu'n rheolaidd ar y gorwel i fod y cyntaf i weld amlinell arfordir America. Doedd yr oerfel ddim wedi llacio'i afael a doedd dioddef eistedd ar y dec heb ddim i'w wneud yn ddim mymryn mwy pleserus er i ni wybod fod y fordaith bron iawn â dirwyn i ben. Pan oeddwn ar y dec yn aros fy nhro i fynd ar y llyw, y cwbwl a lenwai fy meddwl oedd sut i gadw'r oerfel rhag llurgunio fy nwylo. Heb law rydd wrth ymdrechu i rwbio rhywfaint o fywyd a chynhesrwydd i'm dwylo, doedd dim gobaith gen i o ddal gafael pan dorrodd ton enfawr dros y dec. Taflwyd fi o'm sedd gan rym anhygoel! Roedd y don yn enfawr, a maint y dŵr a lenwodd y dec yn anghredadwy. Roeddwn yn union fel un o'r pysgod hedegog a achubais ganwaith, a'm coesau a'm breichiau'n cylchdroi'n wyllt yn yr awyr. O'r diwedd llwyddais i ailganfod fy nhraed, a daeth Carl, fy arwr unwaith eto, i'm hachub.

Diolchais mai dim ond clais enfawr oedd ar fy nghoes yn

dangos lle trewais yn erbyn bar metal. Buasai pethau wedi medru bod yn dipyn gwaeth, a diolchais unwaith eto am y rhaff a oedd yn fy angori'n sownd wrth y dec. Ond doedd fy nghlais i'n ddim o'i gymharu â'r trafferthion a wynebai criw y *Geraldton Western Australia*. Bedwar can milltir o gyrraedd San Francisco, a'r olaf yn y llynges, trawyd y cwch gan don enfawr, a oedd dipyn yn fwy o ran maint na'r hwylbren trigain troedfedd, hyd yn oed. Chwythai'r gwynt ar raddfa o 62 not, gan greu tonnau grymus. Rhwygwyd yr offer llywio oddi ar y cwch gan nerth y don, ac anafwyd tri o'r criw – roedd anafiadau dau ohonynt mor ddifrifol bu rhaid galw ar wasanaeth achub Gwylwyr y Glannau a'u cludo i'r ysbyty yn America. Does dim dadlau â grym natur, ar unrhyw gyfrif.

Yn sgil fy antur ar donnau'r Cefnfor Tawel roeddwn hefyd wedi llwyddo i gasglu ychydig o arian noddedig at apêl Arch Noa, cronfa at ysbyty plant yng Nghaerdydd. Wedi'r holl ymgyrchu dros elusennau â'u pencadlys yn Lloegr, braf oedd medru hybu un gwbl Gymreig y tro yma, yn enwedig un a oedd yn gweddu i'm gyrfa nyrsio plant. Ac un efo'r enw mwyaf perffaith i gyd-fynd ag anturiaethau ar y môr.

Ebrill

'Nôl ar dir sych

If you want to find yourself, don't ask others for the way.
Dana Griesbach

Daeth Ebrill â haul ac awyr las yn ei sgil ac roedd hi'n rhyddhad enfawr cael cadarnhad nad Ffŵl Ebrill oedd gweld America yn ymddangos ar y gorwel. Roeddwn wedi profi'r wefr, y bwrlwm a'r cyffro o weld tir ar y gorwel wedi amser maith allan ar y môr o'r blaen, ond roedd cyrraedd San Francisco yn dipyn mwy anhygoel o ran maint y dirwedd a oedd bellach yn glir ac yn enfawr ar y gorwel. Ydi, mae America yn anferth. Ac roedd ychwanegu delwedd mor eiconig â'r Bont Aur at yr olygfa yn wefreiddiol! I ychwanegu at y profiad o hwylio oddi tani, cawsom ein croesawu gan y don fwyaf anhygoel. Achosodd honno i ni syrffio am funud a hanner gan gyrraedd cyflymdra rhyfeddol o 27 not. Diolch byth mai Ollie oedd wrth y llyw. Ac wrth i'r dŵr olchi drostom, syllodd pawb mewn anghrediniaeth lwyr at faint a chryfder y don, gan sgrechian gyda boddhad a balchder o fod yn rhan o'r wefr.

Nid oedd neb o'r teulu yn sefyll ar y lan yn aros amdanaf y tro hwn. Roedd tymor yr ŵyn bach ar anterth ei brysurdeb.

Roedd y blinder pan gyrhaeddais i 'nôl i Lundain yn anhygoel. Oedd, roedd wythnos o gymdeithasu eithafol a gwyllt yn San Francisco wedi fy hambygio dipyn mwy nag effaith deg ar hugain o ddyddiau'n hwylio'r Cefnfor Tawel. Cysgais am ugain awr solet, cyn gorfod llusgo fy hun allan o'm gwely i fod 'nôl yn fy ngwaith y diwrnod wedyn.

Fel pob antur arall roedd ailymgyfarwyddo efo bywyd yn ôl ar dir sych, ac yn enwedig yn y swyddfa, yn anoddach nag ymgartrefu efo'r drefn ar y môr. Unwaith eto roeddwn wedi colli'r gallu i ganolbwyntio, ac yn bwysicach, bron, y gallu i gynnal diddordeb yn fy ngwaith, a hynny er i mi fwynhau fy swydd yn gyffredinol.

Mai

Ail-fyw'r wefr

*The real voyage of discovery consists not in seeking new landscapes
but in having new eyes.*
Marcel Proust

Chwe wythnos ar ôl dychwelyd o'r fordaith ar y Cefnfor
Tawel daeth yr amser i ail-fyw'r cyfan drwy wylio'r rhaglen
ar y teledu. Trefnais i gael gwylio'r ddwy raglen, *Hwylio'r
Byd*, yng nghlwb Cymry Llundain yng nghanol y ddinas.
Mae'n adeilad mawr mewn lleoliad gwych, ac yn ganolfan y
byddaf bob amser yn mwynhau ymweld â hi ers symud i
Lundain yn 1995.

Ar gyfer y rhaglen gyntaf daeth fy ffrind nyrsio,
Catherine, yn gwmni. Ac ar gyfer yr ail, a oedd yn darlledu'r
antur ar y tonnau, daeth aelodau o griw *Visit Finland* a *Derry-
Londonderry* a oedd wedi croesi'r Cefnfor Tawel yr un pryd.
Daeth Stu, y dyn camera, i brynu'r siampên hefyd!

Ar wahân i'r chwithdod naturiol sydd yn dod yn sgil
gweld eich hun ar y sgrin fach sgwâr, roedd hi'n rhyddhad
cael gweld y cyflwyniad yn cyfleu rhai o elfennau pwysicaf y
daith yn deg. A diolch i Telesgop am hynny. Mewn
gwirionedd dwi ddim yn credu ei bod hi'n bosib crynhoi
720 awr o brofiad mewn rhaglen o bedair munud ar hugain.
Heb sôn am drafferthion a chymhlethdod ffilmio yn y fath

amgylchedd, mae cyfleu'r her gorfforol, yr emosiwn a'r her bersonol sy'n dod yn sgil profiad o'r fath bron iawn yn amhosib. Ond fe wnaeth, yn sicr, roi cipolwg i'm ffrindiau a'm teulu o'r byd hwnnw sydd bellach yn gymaint rhan ohonof – teulu a ffrindiau sy'n golygu cymaint i mi, sy'n fy ngharu'n ddiamod, ond y byddaf yn dewis eu gadael yn achlysurol i brofi'r elfennau.

Mae'n risg eithriadol, ac yn ddewis hunanol – gadael pawb a phopeth sy'n eich gwneud yn hapus ar dir sych yn y gobaith o ddarganfod profiadau gwell ar y tonnau. Mae 'na risg o fethu darganfod profiadau gwell, a gobaith efallai o fedru sylweddoli mai adre efo teulu a ffrindiau y mae'r profiadau gorau i'w cael. Ond, yn anffodus, mae 'na risg o ddarganfod yr emosiwn hwnnw sy'n gwneud i chi deimlo'n hapusach nag erioed, a threulio gweddill eich oes heb deimlo'r un wefr eto, gan adael dyhead barhaus ac ysfa am fwy. Yn sicr y mae'r teimlad o hapusrwydd a ddaw yn sgil y wefr o brofi harddwch cyntefig ac amrwd moroedd y byd yn un sy'n anodd iawn ei efelychu ar dir sych.

Ar lefel hollol wahanol, y tu hwnt i gael y cyfle i rannu fy mhrofiadau ar y môr, mwynheais y profiad o gael bod yn rhan o greu rhaglen deledu yn fawr iawn, a hynny am resymau hollol hunanol, mae arna' i ofn. Mae'n gywilyddus cyfaddef, ond mae elfen fawr o falchder a gobaith am gael clod a pharch y gwylwyr yn rhan annatod o'r peth. Ond hefyd, roeddwn i'n eithriadol falch fod fy rhaglen wedi achosi i ddegau lawer o bobl ddi-Gymraeg ymhell dros y ffin i wylio'r hanes drwy gyfrwng yr iaith Gymraeg, gan ddibynnu ar yr is-deitlau i ddilyn y stori. Yn wir, roedd ambell un wedi methu darganfod botwm yr is-deitlau ond wedi dewis gwylio'r rhaglen beth bynnag. Dywedodd llawer un wrtha' i wedyn nad oeddynt wedi sylweddoli fod cymaint o wahaniaeth rhwng yr iaith Gymraeg a'r Saesneg. Hoffwn feddwl, felly, fod y rhaglen wedi cenhadu mymryn dros yr iaith ymhell y tu hwnt i Brydain, gan gyfleu'r ffaith ei bod hi'n iaith fyw sy'n ffynnu.

Dyma i chi rywbeth i bendroni uwch ei ben. Mewn adroddiad diweddar gan y National Geographic, cyhoeddwyd bod un o ieithoedd y byd yn marw bob pedwar diwrnod ar ddeg. Erbyn y ganrif nesaf bydd bron hanner yr ieithoedd a siaredir ar draws y byd heddiw – tua saith mil ohonynt – yn debygol o fod wedi diflannu, gyda mwy o gymunedau'n aberthu eu mamiaith ac yn dewis siarad Saesneg, Mandarin neu Sbaeneg. Bydd hyn yn digwydd gan amlaf wrth i rieni hybu eu plant i siarad yr ieithoedd hynny er mwyn gwella eu cyfle am addysg a llwyddiant. Mae hawddfyd a ffyniant yn siarad Saesneg, mae'n debyg! Yng ngeiriau'r adroddiad, 'Today any language with a television station and a currency is in a position to obliterate those without.' Petai un frawddeg yn unig yn medru bod yn ddigon pwerus i ennyn brwdfrydedd dros gadw ein sianel deledu genedlaethol, dyma hi! A dyna'r rheswm mwyaf pam fod cael y cyfle i gyfrannu at gynhyrchiad ar gyfer sianel deledu genedlaethol fy ngwlad fy hun wedi bod yn fraint o'r mwyaf i mi.

O fewn y ganrif nesaf, cred ieithyddion fod perygl y bydd bron hanner ieithoedd y byd yn diflannu, a thros fil o ieithoedd ar y rhestr mewn gwir berygl ac yn gwegian ar ymyl dibyn difodiant. Mae poblogaeth y byd – tua saith biliwn – yn siarad, yn fras, saith mil o ieithoedd. Petai popeth yn gyfartal mae'r ffigwr yn awgrymu bod gan bob iaith filiwn yr un o siaradwyr. Ond mewn gwirionedd y mae 78 y cant o boblogaeth y byd yn siarad 85 o'r prif ieithoedd, sy'n gadael dim ond wyth miliwn a chwarter yn siarad y tair mil a hanner o'r ieithoedd lleiafrifol. Mae'r Saesneg yn medru hawlio 328 miliwn o siaradwyr iaith gyntaf, a Mandarin yn hawlio 845 miliwn – tipyn yn fwy na'r 580,000 o bobl sy'n siarad Cymraeg heddiw yng Nghymru!

Mewn oes sy'n homogeneiddio a globaleiddio, nid yw'r ieithoedd a siaredir mewn ardaloedd anghysbell yn cael eu diogelu gan ffiniau na therfynau naturiol rhag dylanwadau'r ieithoedd mawr sy'n rheoli'r byd cyfathrebu a'r byd masnach. Mae dylanwad Mandarin, Saesneg, Sbaeneg ac Arabeg fel petai'n ymestyn i bob treflan, ac o dŷ i dŷ, bron iawn. Rhaid i ardaloedd gwledig Cymru arbed pob treflan a phob cornel sy'n ein gwneud ni'n wahanol i wledydd mawr y byd.

Cario'r fflam

Wedi profi ambell ddigwyddiad bythgofiadwy yn sgil rhwyfo bron 6,000 o filltiroedd môr, a hwylio dros 6,000 arall fedrwn i ddim bod wedi rhag-weld y byddai rhedeg 300 metr wedi rhoi cymaint o wefr i mi. Ond bu cario'r fflam Olympaidd drwy stryd fawr Bangor yn un o'r profiadau mwyaf bythgofiadwy a brofais erioed.

Dechreuodd y diwrnod yn Ysgol y Parc efo'r gorchwyl hollbwysig o ddychwelyd Giggsy, y tedi bêr bach coch a roddwyd i mi'n gwmni gan y disgyblion ar gyfer y fordaith ar draws y Môr Tawel. Fel pob tro arall, cefais groeso gwerth chweil a chan mil o gwestiynau am yr antur ac am fy nheimladau am y fraint o gario'r fflam.

Gyrrodd Mam a Dad fi tuag at y Faenol ar gyrion Bangor, gan gyrraedd oriau'n rhy gynnar oherwydd y gofid y byddai mwyafrif y ffyrdd ar gau. Y fantais o gyrraedd mor gynnar oedd i un o weithwyr diogelwch y diwrnod ein harwain trwy'r rhwystrau ffyrdd at y swyddfa. Eisoes teimlwn fel VIP!

Cwrddais â threfnwyr y diwrnod a derbyn fy rhif rhedeg, sef 76 – rhif priodol yn cyfateb i flwyddyn fy ngeni. Yna daeth y fraint o gwrdd â gweddill y rhedwyr a ddewiswyd i gario'r fflam drwy strydoedd Bangor. Roedd gan bob un ei stori arbennig, a phob un stori'n cynrychioli pob math o lwyddiannau a gyflawnwyd ar draws y wlad. Yn sicr roedd pob un yn ysbrydoliaeth.

Dim ond dau Gymro Cymraeg arall oedd yn rhan o'r criw a ddewiswyd i redeg drwy strydoedd Bangor. Un oedd Malcolm Williams o Dremadog, rhedwr rhyngwladol sydd wedi rhedeg pob Ras yr Wyddfa ers y gyntaf yn 1976. A'r llall, wrth gwrs, oedd y canwr enwog Bryn Terfel. Roedd hi'n braf iawn cael rhannu'r profiad â mawrion Cymreig y fro.

Yn gynharach yn y dydd roedd un arall o drigolion y Bala yn cael y fraint o gario'r fflam. Ac nid oedd neb yn fwy teilwng nag Ilan Wyn Davies. Dim ond 17 oed yw Ilan, ond mae ganddo ben aeddfed iawn ar ysgwyddau ifanc. Wedi damwain frawychus ar y cae rygbi gadawyd Yogi, tad Ilan, yn ddiffrwyth o'i war i'w draed. Hawdd fuasai i Ilan fod wedi troi ei gefn ar y gêm. Ond i'r gwrthwyneb. Mae'n gweithio'n frwdfrydig yn hyfforddi plant ifanc yr ardal i chwarae. A gwn o ymateb plant fy chwaer eu bod yn llawn parch ac edmygedd o'i frwdfrydedd.

Erbyn tua phedwar o'r gloch roedd criw helaeth wedi ymgasglu ar gyfer yr adloniant ar faes y Faenol. Yna gadawsom a mynd tuag at fan dechrau'r rhedeg ym Mangor, gan ollwng pob rhedwr yn ei dro yn barod i dderbyn y fflam.

Roedd trefniant yr holl fenter yn berffaith, a phob rhan o'r diwrnod yn rhedeg fel wats. Eiliadau wedi disgyn o'r bws roedd un o heddweision y MET ar ei feic efo fi yn rhoi gwybodaeth ar gyfer derbyn y fflam ar y ffagl. Wedi cyfweliad teledu byr, o fewn munudau cyrhaeddodd Hazel, y rhedwraig a fyddai'n trosglwyddo'r fflam i mi. Taniodd yr heddwas y nwy yn fy ffagl a chyneuodd y fflam. Efo chwe heddwas o'm cwmpas, dechreuais redeg.

Fedrwn i ddim credu gymaint oedd maint y dorf oedd

yn llenwi'r strydoedd, eu croeso'n fyddarol. Yn wirioneddol nid oeddwn wedi rhag-weld y ffasiwn fwrlwm ynghlwm wrth unrhyw fenter. Yng nghanol y dorf ymdrechais yn daer i weld a fedrwn i adnabod wyneb neu ddau. Ond yng nghanol y môr o wynebau roedd hi bron yn amhosib, ond y ddau wyneb a adnabyddais gyntaf oedd fy mrawd Meilir a Jem, fy mrawd yng nghyfraith.

Yn llawer yn rhy fuan, ond eto'n hen ddigon buan i'r holl adrenalin a lenwai fy ngwythiennau, cyrhaeddais Gloc y Tŵr ar y Stryd Fawr, a ddynodai'r man lle byddwn yn trosglwyddo'r fflam i Steven, y rhedwr nesaf. Yng nghanol y dorf gwelais Gles, fy chwaer, ar un ochr o'r stryd, a Mam ar yr ochr arall ymysg gweddill y teulu, ffrindiau a thrigolion y Parc. Wyddwn i ddim ar y pryd, ond roedd Dad yn gwylio'r cyfan ar lwyfan cyfleus – safai'n falch ar ben bin sbwriel!

O'r dechrau hyd y diwedd, ychydig funudau a barodd fy mhrofiad yn rhedeg y tri chan metr. Ond am brofiad! A hynny'n gymaint mwy o wybod fod plant fy mrodyr Dylan a Meilir, a phlant Gles yno hefyd yn rhan o'r bwrlwm. Wedi diwedd y daith daeth Dylan, fy mrawd hynaf, sy'n dipyn o fardd ataf gan yngan diweddglo soned enwog R. Williams Parry, 'Digwyddodd, darfu, megis seren wib.'

Wrth astudio'r soned wedyn darganfûm eglurhad a dadansoddiad o neges y bardd ar y we. Dadleuid mai creu darlun o freuder profiad y funud roedd R. Williams Parry. Yn ôl yr eglurhad, rhywbeth dros dro yw profiadau dyn ar y ddaear, a'i bleser yw mwynhau rhyfeddod y foment. 'Llwybreiddiodd ei ryfeddod prin o'm blaen.'

Yn yr un modd, mae'n bosibl ei fod yn awgrymu mai bodau dros dro ydyn ni ar y ddaear hon. Dywed hefyd mai rhai o'r profiadau mwyaf byrhoedlog yn aml yw'r rhai mwyaf cofiadwy, y rhai mwyaf arbennig a gwerthfawr. Fedrwn i byth fod wedi disgrifio fy mhrofiad yn cario'r fflam fymryn yn well!

Wedi trosglwyddo'r fflam, cefais gyfle i dderbyn sws sydyn gen Mam a minnau'n dal i grynu fel deilen. Yna dyma fws yn cyrraedd i'm casglu a chychwyn ar y daith yn ôl at y Faenol er mwyn gweld Bryn Terfel yn tanio'r goelcerth yn y crochan o flaen y dorf enfawr.

Roedd yno frwdfrydedd swnllyd a phawb yn awyddus i weld y fflam, a theimlais fel rhywun enwog iawn wrth i bawb gasglu o'm cwmpas i dynnu llun ohonof efo'r ffagl. (Dwi'n ddigon synhwyrol i dderbyn, wrth gwrs mai'r ffagl, nid fi oedd pawb isio llun ohoni!) Ond roedd y bwrlwm yno'n ferw gwyllt, ac yn dilyn cyfweliad byw ar y radio a'r teledu cefais ddiweddglo perffaith i'r diwrnod – cael fy nghludo efo pedwar heddwas yng nghefn fan heddlu 'nôl at fy nheulu.

Roedd cymuned fach y Parc yr un mor gefnogol ag erioed i un o'u plith, a bron hanner cant wedi teithio'r holl ffordd i'm cefnogi. Roeddynt yn dyst i ba mor driw a chefnogol y mae aelodau'r gymuned i'w gilydd. Aethant oll wedyn am bryd o fwyd i'r Tŷ Golchi, ac wedi i'r cynnwrf yn y Faenol ddod i ben cefais ymuno â nhw i ddangos y ffagl.

Fyddai yna ddim wedi medru difetha gwefr y profiad o gael cario'r fflam. Ond wrth yrru yn y car am Fangor efo Mam a Dad ar ddechrau'r diwrnod, rhyfeddwn at y dadlau penboeth ar raglen Radio Cymru, *Taro'r Post*, ynglŷn â thaith y fflam drwy Gymru. Mae'n gas gen i godi crachen heb fod angen. Mae yna fwy na digon o ddadlau a ffraeo yn y byd yma fel y mae hi. Ond tra oedd y cyfryngau a'r gwleidyddion yn defnyddio'r achlysur i ddadlau dros ac yn erbyn materion Prydeinig ac ariannol, teimlais fod pawb wedi anghofio mai cario fflam y Gemau Olympaidd oedden ni i gyd, nid cario fflam yr Iwnion Jac, na baner unrhyw wlad arall o ran hynny.

Hwn oedd y cyfle agosaf a gawn i gynrychioli sefydliad rhyngwladol sydd, i mi, yn cyfleu delfryd bwysig iawn mewn bywyd o fewn a thu hwnt i chwaraeon, cyfle na fyddai byth yn dod i'm rhan eto, mae hynny'n siŵr.

Arwyddlun y Mudiad Olympaidd yw'r cylchoedd, pump ohonynt ynghlwm wrth ei gilydd yn cynrychioli undod pum cyfandir – America, Affrica, Asia, Awstralasia ac Ewrop. Dewiswyd y lliwiau glas, melyn, du, gwyrdd a choch gan fod baner pob cenedl yn cynnwys o leiaf un o'r lliwiau hyn. Yn unol â'm gwaith, mae unrhyw sefydliad sy'n tynnu pobl ar draws y byd at ei gilydd yn bwysig iawn i mi. Nod y mudiad Olympaidd yw creu byd gwell, byd mwy heddychlon drwy addysgu ieuenctid ar gyfer y dyfodol drwy chwaraeon, heb unrhyw ffafriaeth, ac annog dealltwriaeth rhwng pawb mewn ysbryd o gyfeillgarwch, undod a chwarae teg.

A'r neges bwysig o dan y faner Olympaidd yw nad ennill, ond cymryd rhan sy'n bwysig. Yn union yn yr un modd, y peth pwysicaf mewn bywyd yw'r ymdrech, nid y fuddugoliaeth a'r gorfoleddu. Yr hyn sy'n allweddol yw nid trechu ond bod wedi brwydro'n dda, wedi ymdrechu ymdrech deg.

Mae'r arwyddair Olympaidd yn Lladin, *Citius, Altius, Fortius* yn golygu 'Cyflymach, Uwch, Cryfach' ac yn cydweddu'n berffaith efo'r angen a'r ysfa sydd ynof i wynebu her anturiaethau newydd yn barhaus.

Ers y tro cyntaf yng Ngwlad Groeg yn 1896, dim ond saith ar hugain o weithiau y mae gemau haf yr Olympau wedi eu cynnal, a hynny mewn deunaw o wledydd ar draws y byd. Dim ond plant deunaw o wledydd ar draws y byd, felly, sydd wedi cael y cyfle i weld y fflam yn teithio ar hyd ffyrdd a strydoedd eu gwlad, a hynny dros gyfnod o fwy na chanrif. Nhw yw'r unig rai gafodd brofi drostynt eu hunain y brwdfrydedd a'r cyffro a ddaw yn sgil gwylio'r goreuon ar lwyfan y byd. Dyma gyfle arbennig i gael llygaid y byd ar Gymru yn sgil y fflam, a diolch i'r haul am wenu a dangos Cymru yn ei gogoniant.

Yn y ddadl a daniodd yng Nghymru yn sgil taith y fflam drwy ein gwlad, fedrwn i ddim dirnad rhesymeg llawer o'r dadleuwyr negyddol. Oedd, mi roedd yna oblygiadau ariannol a gwleidyddol i'w cysidro. Dwi ddim yn ddigon ffôl i beidio â sylweddoli hynny. Roedd y farn fod Llundain yn elwa tra oedd gweddill gwledydd Prydain yn colli allan i'w deimlo'n gyffredinol. Nid mater i Gymru'n unig oedd hyn. Gemau Llundain oedden nhw o ran enw a lleoliad, ond fedrwn i ddim gweld hynny'n ddigon o reswm dros beidio â'u croesawu â brechiau agored a chlodfori'r hyn y gall chwaraeon ei gynnig i unigolion, i wlad ac i'r byd.

Beth fyddai'r ymateb wedi bod pe byddai'r fflam heb ymlwybro drwy Gymru o gwbwl, ys gwn i? Fyddai hynny wedi bod yn well? Neu a fyddai wedi amddifadu cenhedlaeth gyfan o blant Cymreig rhag gweld a dysgu am ddelfryd yr Olympau drostynt eu hunain? Ac yn fwy na hynny, gobeithio, hau hadau breuddwyd am gystadlu ar lwyfan cenedlaethol yn y dyfodol? Does 'na ddim pris ar ysbrydoliaeth. Ac mae bod allan yn yr awyr iach yn rhedeg, yn taflu pêl neu'n neidio i bwll o ddŵr yn fonws sy'n rhad ac am ddim i bob un ohonom. O gysidro fod arolwg iechyd diweddar wedi darganfod nad yw un o bob tri oedolyn yng Nghymru yn gwneud unrhyw ymarfer corff, mae'n ymddangos mai ysbrydoliaeth yn hytrach nag arian sydd ei angen arnom fwyaf.

Dyma ffordd i ysbrydoli plant y dyfodol, nid yn unig i weithio tuag at fod y gorau yng Nghymru ond i weithio i ddangos fod y Cymry'n medru bod cystal â gweddill cenhedloedd y byd. Ysbrydoli ein plant i sefyll, ysgwydd wrth ysgwydd efo gweddill goreuon y byd, beth bynnag fo'u cenedl. Magu cenhedlaeth o athletwyr, academyddion, arweinwyr busnes – pob math o bobl lwyddiannus â'u gwreiddiau'n ddwfn yng Nghymru. Athletwyr â balchder yn eu cenedl a fyddai'n sicrhau y byddant yn cenhadu dros Gymru, yn llysgenhadon dros y talentau a'r potensial sydd yng Nghymru.

Mae bod yn anweledig yn golygu cael ein hanwybyddu. Os nad oes yna Gymry'n sefyll ar y podiwm i dderbyn medalau am eu llwyddiant unigol, mae'r ddadl pa faner y maent yn ei chodi yn ddibwys i mi. Fedr neb anwybyddu llwyddiant yn hir. Bu perfformiad carfan rygbi Cymru yng Nghwpan y Byd yn dyst i'r balchder a'r newid agwedd a ddaw yn sgil llwyddiant. Fedr gweddill y byd ddim anwybyddu llwyddiant felly am byth.

Mae'r microsgop yn offeryn anhygoel, ond mae'n bwysig peidio ag angofio gwerth y telesgop hefyd. Mae cymaint o bwysigrwydd mewn gweld ein safle yng ngweddill y byd ag sydd o graffu'n fanwl ar y sefyllfa o fewn ein gwlad.

Dwi'n credu'n gryf mai trwy fagu cenhadon a bwrw gwreiddiau yng nghymunedau Cymreig ein gwlad y daw llwyddiannau ar lwyfan y byd, a hwnnw'n llwyddiant fydd yn golygu y medrwn ni, ryw ddydd, sicrhau y bydd pob Cymro a Chymraes yn medru disgleirio o dan y Ddraig Goch yn hytrach nag yng nghysgod yr Iwnion Jac. Ffynnu a llwyddo wnaeth y grefydd Gristnogol yn sgil y cenhadon a aeth ar draws y byd i gyd, yn ogystal â'r addolwyr ffyddlon a arhosodd yn eu haddoldai eu hunain.

Bu taith y fflam yn gyfle arbennig i hoelio llygaid y byd ar Gymru, a diolch i'r haul am ddod allan i ddangos y wlad yn ei gogoniant. A dwi'n gwirioneddol obeithio fod y fflam a deithiodd drwy Gymru wedi ysbrydoli degau o blant talentog ein gwlad i fod yn frwdfrydig dros gystadlu ar lefel genedlaethol, gan lenwi eu calon â thân fydd yn sicrhau eu brwdfrydedd a'u hawydd i weithio'n galed tuag at lwyddo ar lwyfan byd-eang a dweud am eu magwraeth Gymreig wrth y byd yn gyfan. Yn unol â dyfyniad Hoding Carter, dylem gofio: 'There are only two lasting bequests we can give our children. One is roots, the other wings.'

Mehefin

I'r 'Afal Mawr'

Only the dead go with the tide. Only the living go against it.
Anhysbys

Daeth mis Mehefin â gŵyl banc ychwanegol yn sgil dathliad
Jiwbili'r Frenhines. Ond oherwydd fy mod i'n gweithio i
asiant Ewropeaidd, ni chefais gyfle i fanteisio ar ddiwrnod
ychwanegol o wyliau. Ddim bod gen i le i gwyno, ond nid
oeddwn am adael i golli gŵyl banc ychwanegol fy rhwystro
rhag cael bod yn rhan o brofiad arbennig. Heb oedi, neidiais
at y cyfle i gael bod yn rhan o'r Orymdaith Hwyliau.

Na, nid honno ar afon Tafwys efo'r Frenhines yn gwylio
ond o dan lygaid barcud eicon benywaidd arall, un a fu hefyd
yn cario fflam go arbennig. Ie, y dduwies Rufeinig a
adnabyddwn oll fel y Statue of Liberty, neu'r Cerflun
Rhyddid.

Mewn eiliad o wiriondeb, archebais docyn awyren i
hedfan allan i'r Afal Mawr i ymuno â chychod y Clipper a
oedd bellach wedi gadael San Francisco, wedi hwylio drwy
Gamlas Panama a chyrraedd Efrog Newydd. Tydi hedfan
mor bell am benwythnos ddim ond yn cyfateb i rwyfo am
77 diwrnod am wythnos o wyliau, am wn i. Ond bu'r daith
hir yn werth yr ymdrech (a'r pris) er mwyn cael hwylio o
amgylch Manhattan ac ymuno yn yr hwyl unwaith eto. Am

brofiad hwyliog! Dwi'n amau i'r blinder ar ôl dychwelyd fod cymaint â'r hyn a brofais wedi rhwyfo'r Iwerydd. Bu'r cymdeithasu'n eithafol, ac fe fwynheais bob eiliad!

Wedi methu meistroli llywio'r cwch ar y Cefnfor Tawel roeddwn am ymdrechu eto i ddysgu'r sgìl. Mae o'n fy ngwylltio pan nad yw fy ngallu i ddysgu rhywbeth yr hyn y disgwyliaf iddo fod. Ond mae'r ysfa i ddyfalbarhau yn fwy na'r apêl i roi'r ffidil yn y to a derbyn methiant. Un peth sy'n fy rhwystro rhag ildio pan fydd pethau'n anodd yw gwybod y bydd y teimlad o fethiant yn ddyfnach nag unrhyw deimlad a brofaf wrth lwyddo.

Ar ddŵr y Docklands yn nwyrain Llundain, felly, cofrestrais ar gwrs hwylio mewn cychod bach, sef *dinghies*. Y cyngor gan rai sy'n hwylio'n llwyddiannus yw mai dysgu mewn cychod bach yw'r ffordd orau i feistroli llywio a llwyddo yn y sgìl o ddarganfod y gwynt ac ymateb i'w newidiadau.

Mae'r cwrs yn un y bydd plant oed ysgol gynradd yn ei gwblhau fel rheol, ond yn un y bydd rhai oedolion fel fi yn rhoi cynnig arno o dro i dro. Llwyddais ar y penwythnos cyntaf i gwblhau'r tasgau. Ac er nad oeddwn yn wych, roeddwn wedi medru gwneud yn ddigon da i basio'r lefel gyntaf.

Ar gyfer yr ail lefel penderfynais y byddai'n braf cael cwmni ffrind, ac felly penderfynais berswadio Javier, un a groesodd y Cefnfor Tawel ar y cwch *Derry-Londonderry*, i ymuno â mi ar y cwrs. Ar drwyn y cwch yn newid yr hwyliau blaen roedd Javier yn hoffi bod hefyd, ac roedd ef, fel fi, wedi gorfod ymdrechu'n galed i ddygymod â llywio.

Mi ddylsai hynny yn ei hun wedi bod yn ddigon o rybudd i mi i wybod nad oedd y cyfuniad o'r ddau ohonom mewn cwch bach efo'n gilydd yn syniad da. Yn fuan iawn daeth hynny'n amlwg wrth i ni fethu dilyn cyfarwyddiadau'r hyfforddwr. Ni fedrai'r naill na'r llall ohonom lywio i'r cyfeiriad cywir na rheoli cyflymdra'r cwch. Ond er mor anobeithiol roeddem, roeddwn i'n gwenu fel giât wrth fwynhau'r profiad. Wrth i'n perfformiad waethygu, cynyddu wnâi'r gwenu. Fedrai'r un o'r ddau ohonom ddirnad pam roedden ni mor ddi-glem. Ac wrth gwrs, wrth i'r chwerthin gynyddu, gwaethygu wnâi ein perfformiad, os oedd hynny'n bosib. Methu'r cwrs wnaeth Javier a minnau. Am gywilydd! Ond bu i'r wên ar ein hwynebau wrth gofio am yr hwyl bara dipyn hirach na'r pleser o ennill yr un dystysgrif. Bydd rhaid i mi gofrestru ar gwrs arall yn fuan eto, mae'n siŵr, ond mynd fy hun a dysgu i ganolbwyntio fydd fy mwriad y tro nesaf, debyg.

Gymaint yw apêl bywyd cymdeithasol Ras y Clipper fel y penderfynais hefyd hedfan i groesawu'r cychod wrth iddynt gyrraedd dinas Derry-Londonderry yng Ngogledd Iwerddon. Efo Barry, o'm criw ar *Visit Finland*, a Javier yn gwmni, trefnwyd ymweliad am benwythnos ddiwedd Mehefin, dim ond ychydig dros dair wythnos ers ymuno â nhw yn Efrog Newydd.

Roedd yr awyrgylch yn Derry-Londonderry yn wefreiddiol. O ddinas oedd wedi dioddef cymaint o helynt a thrafferthion terfysgol roedd hi'n wych ei gweld yn disgleirio wrth groesawu'r Clipper ar ddechrau dathliad Dinas Diwylliant 2013 yn Derry-Londonderry. Fedrwn i ddim peidio â meddwl cymaint o wefr fuasai gweld cychod y Clipper yn hwylio i borthladd yng Nghymru. Byddai hynny'n gyfle i roi Cymru ar fap y byd, tra byddai un o'r cychod yn hedfan y Ddraig Goch bob cam o'r daith.

Gorffennaf

Mewn dyfroedd dyfnion

Bodies heal themselves. What matters most is the state of your spirit.
Lewis Gordon Pugh

Dechreuodd mis Gorffennaf efo Visit Finland yn llythrennol! Dyma adael Derry-Londonderry a'r holl sbri ar brynhawn dydd Sul a hedfan yn syth i'r Ffindir ar gyfer cyfarfod gwaith ar y bore Llun. Roeddwn i'n flinedig dros ben ar ddechrau'r cyfarfod, ond roedd hi'n ddifyr cael bod yn rhan o rwydwaith sy'n ymdrechu i osod safonau rhyngwladol ar gyfer ymchwilio i faes cyffuriau i blant. Roedd hwn hefyd yn gyfle i rannu'r newyddion diweddaraf efo fy nghyfaill Greg Kearns.

A fedrwn i ddim bod wedi ymweld â'r Ffindir heb ymweld â'm ffrind Nina y Ninja! Roedd hi'n braf iawn ei gweld hi i rannu newyddion a hel atgofion am ein hanturiaethau ar y Cefnfor Tawel. Ac er iddi ond yngan ond ychydig eiriau, yn unol â'i ffordd arferol, teimlais i ni gael cyfle i roi'r byd cyfan yn ei le.

Rhoddodd Nina lyfr bach yn anrheg i mi, *Xenophobe's Guide to the Finns*. Un mewn cyfres o lyfrau gwych ydi hwn, gydag un teitl am bob cenedl, bron. Diffiniad y llyfr o *xenophobia* yw 'an irrational fear of foreigners, probably justified, always understandable'. Mae'r gyfres yn llawn hiwmor wrth drafod traddodiadau a delweddau pob cenedl. Mae'r un am Gymru'n ddychrynllyd o wir ac yn ddigri, ond y frawddeg a'm trawodd yn y llyfr am y Ffiniaid, '"Talking is silver, being silent is gold" is a Finnish maxim. Being competitive, they will aim for gold.' Fe enillodd Nina aur ar fordaith y Môr Tawel ym mhob ystyr.

Dridiau ar ôl cyrraedd yn ôl i Lundain ar ôl yr antur ar draws y Cefnfor Tawel, roeddwn wrthi'n ymarfer ar gyfer fy her nesaf. Her hollol wahanol fyddai hon i'r rhai a fyddai'n denu fy mryd fel arfer, ond her a fu ar fy rhestr o ddymuniadau ers cryn amser, sef nofio ar draws Llyn Tegid. Wedi teithio'r byd yn gyfan, bron yn chwilio am her neu antur, teimlwn yn ymwybodol iawn nad oeddwn wedi manteisio ar y cyfleoedd a'r posibiliadau ar stepen fy nrws fy hun. Ac yn sicr, nid oeddwn wedi manteisio ar yr oll sydd gan lyn mwyaf Cymru i'w gynnig.

Nid hwn fyddai'r tro cyntaf i mi nofio yn y llyn. Yn 2010 roeddwn wedi cystadlu mewn dwy ras driathlon. Cymharol fyr yw'r pellter i'w nofio yn y rasys hynny, sef 1.5 km yn y ras gyntaf a 1.99 km yn yr ail. Ond efo'r beicio a'r rhedeg i'w gysidro hefyd, roedd y pellter hynny'n fwy na digon. Yn unol â rheolau triathlon, gofynnir i bob cystadleuydd wisgo siwt wlyb. Dim siwt wlyb, dim cystadlu. Ond o dan reolau hollol wahanol y bydd nofwyr yn cystadlu yng nghystadlaethau'r British Long Distance Swimming Association. Dim ond gwisg nofio draddodiadol y bydd y BLDSA yn ei chaniatáu, gyda rheolau cadarn am faint y wisg honno hefyd. A dyna un peth sy'n gwneud cystadlu yn y maes yma yn braf – mae pob nofiwr yn llond ei groen. Dyma un gamp lle mae llwyth o fraster yn fantais i frwydro yn erbyn yr oerfel.

Er nad ydw i'n nofwraig naturiol o bell ffordd, nid dyma'r tro cyntaf i mi ymdrechu ar antur yn y dŵr yn hytrach nag ar y dŵr. Yn 2009, fis cyn hedfan allan i Awstralia i ddechrau ar fy mordaith ar draws Cefnfor India, roeddwn wedi mynd i wersyll hyfforddi Swimtrek yn Gozo. Pum diwrnod o nofio, a chyfle i nofwyr ymarfer o dan arweiniad y trefnwyr a'u tîm hyfforddi. Roedd y mwyafrif yno yn ymarfer ar gyfer nofio ar draws y Sianel, a'r diwrnod olaf yn gyfle i gyflawni o leiaf bum awr yn y dŵr fel paratoad at hynny. Doedd gen i ddim o'r fath ddyhead, felly roedd y fenter o nofio ym mhrydferthwch y Môr Canoldir o ynys fach Gozo at Melita yn fwy na digon i mi.

Ond roedd yno nofwyr eithriadol o dalentog, ac un a fyddai'n gwneud cryn farc yn y maes y flwyddyn honno. Y Wyddeles Lisa Cummins oedd honno. Fe nofiodd ar draws y Sianel ac yn ôl mewn un ymdrech, a hynny ar ei chynnig cyntaf oll. Roedd hon yn gamp a gymerodd 35 awr o nofio di-dor. Mae'r ymdrech gorfforol a meddyliol i gyflawni'r ffasiwn gamp y tu hwnt i unrhyw beth y medraf ei ddychmygu. Fedra i ddim meddwl aros yn effro am 35 awr, heb sôn am nofio'n ddi-baid am yr holl amser. Mae maint a nerth cymeriad Lisa yn anhygoel, a byddaf yn dilyn ei hymdrechion yn llawn brwdfrydedd pan fydd yn ymdrechu i fod y person cyntaf erioed i nofio ar draws Môr Iwerddon o Gymru i Iwerddon y flwyddyn nesaf. Mae'r pellter yn 56 milltir mewn llinell syth, pellter a fydd yn debygol o gymryd o leiaf drigain awr iddi i'w nofio!

Doedd y profiad o nofio yn Gozo ddim wedi bod yn bleser i gyd, ac yn bendant heb fod yn ddigon i'm perswadio i droi yn barhaol at anturiaethau yn y dŵr yn hytrach nag arno. A hithau ond yn fis Mawrth, roedd tymheredd y dŵr yn oer, ac roedd y môr yn bla o slefrod môr. Pethau poenus iawn i fod yn eu plith mewn siwt nofio yn unig. Y fi oedd yr arafaf o bell ffordd, ac yn aml iawn gorfodwyd fi i wisgo esgyll rwber am fy nhraed i fedru cadw o fewn cyrraedd y lleill. Y ffasiwn gywilydd!

Ond fel llawer antur arall, y peth mwyaf gwerthfawr a ddaeth yn sgil yr wythnos yn y dŵr oedd i mi wneud ffrind newydd, Trev. Roedd Trev yno i ymarfer ar gyfer ei her o nofio ar draws y Sianel. Yn nofiwr profiadol, roedd Trev eisoes wedi llwyddo i nofio llynnoedd Windermere, Loch Ness, Zurich a llawer un arall. Teimlwn yn eithriadol falch drosto, felly, pan nofiodd yr holl ffordd o Dover, ar draws y Sianel, i Ffrainc, mewn amser o 17 awr, 19 munud a 21 eiliad. Roedd brwdfrydedd Trev at nofio yn heintus, ac oherwydd dylanwad Trev y penderfynais y byddwn yn ymdrechu i nofio ar draws Llyn Tegid.

Un o drysorau Hackney, fy nghynefin yn Llundain, yw pwll nofio agored London Fields, sydd dafliad carreg o'm cartref yn y ddinas. Er mai allan yn yr awyr agored mae'r pwll hanner can metr, mae'r dŵr wedi'i gynhesu. Felly, ar y boreau oeraf pan fydd rhew ac eira dan draed, mae'n braf iawn neidio i mewn i gynhesrwydd y dŵr.

Unwaith y bydda i yn pwll mi fydda i'n mwynhau'r effaith bositif. Mae gwrando ar sŵn hudolus y dŵr yn golchi yn erbyn fy nghlustiau yn fy atgoffa o sŵn y tonnau yn golchi yn erbyn ochr y cwch. Atgof hynod hoffus, a'r rheswm, mae'n debyg, pam mae nofio'n cael rhyw effaith hypnotig arnaf.

Y peth pwysicaf i'w feistroli wrth nofio yw anadlu – yn amlwg! Anadlu'n hamddenol ac yn rheolaidd, am yn ail ochr, bob tair strôc. Ac mae canolbwyntio ar hynny'n rhan o'r effaith hypnotig y bydd nofio yn ei gael arnaf. Mae'n gyfle i roi popeth arall i'r neilltu a chanolbwyntio ar ddim byd ond anadlu, sef yr ymarferiad pwysicaf mewn bywyd.

Roeddwn i'n ymarfer dan hyfforddiant a chefnogaeth Trev. Yn aml iawn, pan fyddai'r cloc larwm yn canu am chwech o'r gloch y bore roedd y demtasiwn i droi drosodd a mynd yn ôl i gysgu yn drech na'r awydd i ymarfer yn y pwll. Ond wrth drefnu i gwrdd â Trev yno, gosodai hynny ryw fath o bwysau arnaf i ddod allan o'm gwely. Yn aml iawn byddwn yn cydnabod mai rhannu uwd a sgwrs efo Trev ar ôl bod yn y pwll fyddai gwir apêl y nofio.

Efo dim ond tri mis i ymarfer, fy unig nod oedd cyflawni'r gamp. Penderfynais roi'r nod o'i chyflawni yn flaenoriaeth dros anelu i'w chwblhau mewn amser penodol. Oedd, roedd trefnwyr y ras yn caniatáu cyfanswm o dair awr a hanner i bawb gwblhau'r ras. Ond y tu hwnt i hynny nid oeddwn am boeni yn ormodol faint o amser a gymerai'r her i mi. Cyflawni, nid cystadlu fyddai'n bwysig i mi y tro hwn.

Er cymaint fy hoffter o bwll nofio London Fields roedd y ffaith fod y dŵr yn gynnes yn golygu nad oedd o'n addas i'm helpu i baratoi at oerfel dŵr Llyn Tegid. Bu'n rhaid i mi, felly, ddefnyddio pyllau nofio eraill yn Llundain ar gyfer hynny. Byddai Trev a'i feic modur yn aml y tu allan i'm cartref cyn toriad gwawr yn barod i'm gyrru ar draws Llundain i lido Parliament Hill, pwll 60 metr, eto yn yr awyr agored ond heb ddŵr cynnes. Ar y troeon cyntaf hynny roedd yr oerfel yn ddigon i ddwyn fy ngwynt. Ond mae'n anhygoel pa mor gyflym y mae'r corff yn addasu ac yn dygymod. Dyma un antur yn bendant lle roedd holl fraster fy nghorff yn gymorth mawr.

Ambell fore byddwn hefyd yn teithio i bwll Hampstead. Na, nid pwll nofio crand a chyfleusterau modern – ond pwll o ddŵr yng nghanol gweundir y ddinas lle gellid ymarfer nofio. Heb wal pwll nofio arferol i wthio oddi arni bob 50 metr a ffynnon neu ddwy o ddŵr oer yn rhedeg iddo roedd yn lle delfrydol i ymarfer nofio mewn dŵr agored. Ond tydi cerdded drwy faw hwyaid am saith y bore a threulio oriau wedyn yn golchi'r llysnafedd i ffwrdd heb gawod gynnes ddim yn brofiad y byddaf yn ei anghofio'n sydyn.

Yn llawer rhy fuan, fe hedfanodd yr amser heibio. Cyn pen dim roedd yr awr fawr wedi cyrraedd. Nid oeddwn wedi bod yn ddigon disgybledig i ddilyn cyfarwyddiadau hyfforddiant Trev pan na fyddai'n ymuno efo fi yn y pwll, felly nid oeddwn yn hyderus o gwbwl o'm gobeithion ar ddechrau'r ras. Roedd y glaw mawr a fu'n disgyn yn drwm dros yr wythnosau blaenorol yn ddigon i lethu a diflasu rhywun, ac yn cynyddu'r pryder am dymheredd a grym y dŵr y byddwn yn nofio ynddo.

Ar y dydd Sadwrn gwyliais yn gyffrous wrth i Trev nofio'r llyn ddwy ffordd, gan guro ei record flaenorol o dros 20 munud a nofio chwe milltir mewn tair awr, 46 munud a 47 eiliad. Daeth Dad efo fi i'w groesawu wrth iddo ddod allan o'r dŵr. A gallwn synhwyro nad oedd gweld Trev yn las ac yn crynu o achos yr oerfel ddim yn mynd i leddfu llawer ar boen meddwl Dad am bryderon y diwrnod canlynol pan fyddwn i yn y dŵr.

Efo Gles fy chwaer yn gwmni, fy nith Sara Fflur, ac Elin, ei ffrind, cyrhaeddais faes parcio Llangywer fore dydd Sul yn barod i gofrestru am y ras. Er mai Saeson yw trefnwyr y ras roedd hi'n braf iawn gweld Llyn Tegid yn hytrach na Bala Lake wedi ei ysgrifennu ar y cap nofio pwrpasol a roddwyd i bob nofiwr. Dyma'r 53ydd tro y byddai'r ras yn cael ei chynnal, a deunaw ohonom ar fin cystadlu. Fi oedd yr unig un o Gymru'n cystadlu, a'r gweddill wedi teithio o bell i gael manteisio ar un o lecynnau harddaf Cymru i nofio mewn ras o'r fath.

Bu'r sefyllian o gwmpas yn aros am ddechrau'r ras yn boenus o hir. Mae'n gas gen i'r munudau olaf cyn cychwyn unrhyw antur. Tydi o'n ddim byd ond rhyw hen amser rhwystredig sy'n caniatáu i amheuon a gofidiau lenwi'r meddwl. Brysiodd Mam a Dad o'r ysgol Sul i gael bod yno i ddymuno'n dda i mi, a gwych iawn oedd cael eu cwmni. Gyda'm brodyr Dylan a Meilir, a'u teuluoedd yno hefyd, roedd cael sgwrs efo nhw yn gymorth mawr i beidio treulio gormod o amser yn hel meddyliau. Y peth olaf a fynnwn fyddai cwestiynu a fyddwn i, mewn difri calon yn medru nofio'r holl ffordd?

O'r diwedd daeth yr amser i bob nofiwr gael ei gyfri i

mewn i'r llyn, un ar y tro. Roedd Trev eisoes ar y dŵr mewn caiac gan y byddai'n padlo pob modfedd o'r llyn wrth fy ochr. Roedd hynny'n unol â rheolau iechyd a diogelwch y ras, sef y câi pob nofiwr gefnogwr wrth ei ochr. Byddai presenoldeb Trev hefyd yn sicrhau na fyddwn i'n rhoi'r ffidil yn y to heb wneud ymdrech deg!

Ymhen hir a hwyr canodd y corn i nodi cychwyn y ras a phlymiodd pawb i'r dŵr a mynd amdani. Llwybr y ras oedd cwrs o Langywer, ar draws y llyn tuag at gyfeiriad Glan Llyn, cyn troi i'r dde rownd y marc ac anelu wedyn am gyfeiriad y Bala. Er i'r oerfel ddwyn fy anadl ar yr eiliad gyntaf honno, y gwynt yn hytrach na'r oerni a wnaeth i'r profiad ddod yn agos at uffern am yr hanner awr gyntaf. Ond uffern oer oedd hon, nid un boeth! Chwythai'r gwynt donnau drostaf. Ac er mai cymharol fach oedd pob ton o'i chymharu â'r rhai y deuthum mor gyfarwydd â nhw ar y moroedd mawr, llenwai pob ton fy ngheg gyda dŵr bob tro y gwnawn ymdrechu i anadlu. Yn fuan iawn roeddwn yn tagu a phoeri, wrth i'r dŵr fygwth cyrraedd fy ysgyfaint. Efo mwy o adrenalin nag a brofais ers amser maith, gwthiais ymlaen efo'r ymdrech i gylchdroi fy mreichiau yn wyllt drwy'r dŵr fel melin wynt. Gydag un fraich yn chwyrlïo ar ôl y llall, llowciwn yr awyr iach mor rheolaidd ag y medrwn. Mi fyddwn wedi gwneud unrhyw beth i gael mymryn o hwb gan drên bach stêm Llyn Tegid ar yr eiliad honno!

Bob chwe strôc roedd gweld Trev yn y caiac yn rhoi sicrwydd mawr i mi fy mod i'n saff o leiaf. Roedd y sŵn yn fy nghlustiau yn uwch nag y byddwn wedi ei rag-weld. Rhwng sŵn pob ton yn taro yn erbyn fy nghlustiau, clywn fy nghalon yn curo mor uchel â drwm.

O'r diwedd ymddangosodd y bwi oedd yn nodi'r man i droi i'r dde i'w weld ar y gornel, ac ymdrechais i wthio'n galetach yn y gobaith y byddai'r tonnau'n llai wrth nofio i gyfeiriad gwahanol. Ond wrth nofio o'i amgylch teimlais gryfder y llif yn fy erbyn. Yn ochrau Glan-llyn mae afon Llafar yn rhedeg i mewn i Lyn Tegid. Dyma'r afon sy'n llifo drwy bentref bach y Parc, a heibio'r fferm lle'm magwyd. Ond yr unig beth a fedrwn feddwl amdano bryd hynny oedd pryderu na fyddai fy nofio yn ddigon cryf i fynd drwy'r llif. Wrth edrych ar y tirlun ar ochr y lan pan fyddwn yn codi fy wyneb o'r dŵr i anadlu, sylwais ar goeden nad oedd fel petai'n symud dim. Bob chwe strôc wrth edrych i'r chwith, synhwyrais fod y goeden yn yr un lle. Hynny yw, doeddwn i ddim yn symud llathen. Roedd gweld yr un goeden bob tro yr edrychwn yn ddigalon dros ben, ac yn sugno pob owns o hyder oddi arnaf. Ar ôl cyfnod a deimlai fel oes, stopiais nofio a gweiddi ar Trev i ofyn a oeddwn yn dal yn yr un man.

'No, you're flying!' meddai.

Fedrwn i ddim bod yn sicr oedd o'n dweud y gwir, ond roedd yn ateb perffaith i roi hwb i mi ddal ati. Ac yn siŵr i chi, ymhen amser diflannodd y goeden dros y gorwel, tawelodd y gwynt a dechreuodd y nofio fod yn bleserus, hyd yn oed.

Roeddwn wedi trefnu y byddai Trev yn estyn diod i mi bob 45 munud – diod atgyfnerthol. Nofiais ato yn y caiac wrth ei weld yn ysgwyd y botel i nodi'r amser, a minnau'n llawn rhyddhad fy mod wedi goroesi'r 45 munud cyntaf o'r profiad, o leiaf. Nid oeddwn wedi ymarfer cymryd diod tra oeddwn i'n dal yn y dŵr, ac mi fedra i eich sicrhau fod troedio dŵr dipyn anoddach nag y meddyliais. Wrth sipian pob llwnc o ddiod, teimlwn fy hun yn suddo o dan y dŵr. Nid oeddwn wedi paratoi mor drylwyr ag y dylwn at yr antur hon yn sicr. O ddysgu sut mae anadlu mewn tonnau, sut i gymryd diod a minnau'n dal yn y dŵr, a dysgu sut mae nofio mewn llinell syth, teimlwn yn ddiffygiol. Ond o dan arweiniad Trev teimlwn yn ddigon ffyddiog bellach y medrwn groesi Llyn Tegid.

Aeth y tri chwarter awr nesaf heibio yn hynod gyflym.

Teimlwn yn fwy hyderus bellach y llwyddwn i ddyfalbarhau, ac erbyn hyn doedd yr oerni'n poeni dim arna' i. Ambell waith byddai Trev yn gweiddi geiriau o gefnogaeth, neu'n cywiro'r cyfeiriad yr anelwn amdano. Trev hefyd a sylwodd ar Gles fy chwaer, Jem ei gŵr, a'r plant Ilan Aled a Sara Fflur yn sefyll ar ochr y lan tua hanner ffordd i'm cefnogi. Rhai da 'de nhw!

Pan ddaeth Loch Café i'r golwg roeddwn yn llawn cyffro, er i'r cymal olaf fod yn hir iawn yn gorffen. Bu bron i mi roi clusten i Trev pan waeddodd arnaf 'Push harder!' Onid oedd o'n gallu gweld fy mod i'n gweithio mor galed ag y medrwn! Ond i Trev oedd yr holl ddiolch pan gyffyrddais y wal bontwn i ddynodi diwedd y ras. Dwy awr a chwe munud ar ei ben, a thipyn llai o amser nag roeddwn wedi ei ofni. Roedd llif yr afonydd wedi bod yn gymorth yn hytrach na rhwystr yn y pen draw. Y fi oedd yr olaf i orffen y ras, chwe munud a deg eiliad ar ôl y nofiwr diwethaf arall. Roedd y ferch gyntaf wedi gorffen awr a thri deg eiliad yn gynt na fi, ond roedd 'na ddau nofiwr wedi gorfod rhoi'r gorau iddi. Ac o gysidro mai cyflawni nid cystadlu oedd fy nod y tro hwn, a chael y cyfle i brofi fy hun mewn her yng Nghymru, roeddwn wrth fy modd o gael sefyll ar lan y llyn. Roedd cael Mam, Dad, Gles fy chwaer a'r plant yno yn gwneud y fuddugoliaeth bersonol hon yn hapusach fyth. Wrth geisio gwisgo amdanaf ar y diwedd, a minnau'n crynu gormod oherwydd yr oerfel i wneud dim drostaf fy hun, dwi'n siŵr fod Gles yn gweddïo'n dawel bach na fyddai hon yn her y byddwn yn dewis ei derbyn yn fuan iawn eto!

Fydda' i byth yn nofwraig gystadleuol. Unwaith eto, dyfalbarhad a phenderfyniad, nid medr athletig oedd wrth wraidd cyflawni'r her hon – hynny a chefnogaeth ddiddiwedd Trev.

Roedd 22 Gorffennaf yn ddiwrnod pwysig yn fy nyddiadur am ddau reswm. Dathlu fy mod flwyddyn yn hŷn (ond nid yn gallach, mae'n beryg) a chroesawu cychod y Clipper yn ôl i Brydain ar ôl blwyddyn gyfan yn rasio o amgylch y byd. Wedi haf o law di-baid, daeth yr haul allan i ymuno efo'r dorf enfawr i groesawu'r llynges. Roedd llawer yno i groesawu aelodau o'u teuluoedd yn ôl i'w plith wedi blwyddyn o fod ar wahân, a'r awyrgylch felly'n un hynod gyffrous.

Roeddwn eto'n ffilmio ar gyfer rhaglen arall i S4C, ac felly efo Stu, y dyn camera, a Gareth, y cynhyrchydd, aethom mewn cwch peiriant allan i'r Solent i groesawu'r cychod. Anrheg ben-blwydd berffaith – cwch hynod grand a hynod gyflym, ar fy nghyfer i'n unig. Wrth wibio dros y tonnau ar gyflymdra anhygoel roeddwn i'n sgrechian mewn mwynhad.

Roedd gweld deg cwch y Clipper ar y gorwel wrth iddynt agosáu at Southampton yn wefreiddiol. Roedd degau, os nad cannoedd, o gychod eraill yno hefyd yn fflotila i'w croesawu adref.

Wedi darganfod *Visit Finland* yn eu plith aethom draw ati er mwyn neidio oddi ar ein cwch ni i ymuno â'r criw i'w llongyfarch. Roedd cyfle hefyd i gyf-weld Ollie a rhai o'r criw ar gyfer y rhaglen deledu. Roedd o'n deimlad swreal iawn bod 'nôl ar y dec. Ac roedd yr ymdrech o neidio o un cwch i'r llall mewn ffrog yn gymaint o her â hwylio cefnfor! Ond am hwyl! Fedrwn i ddim stopio gwenu.

Funudau'n ddiweddarach roeddwn yn ôl ar ein cwch peiriant ac yn gwibio'n ôl i'r marina yn barod i groesawu'r deg cwch. Roedd sŵn y croeso gan y miloedd ar y lan yn wefreiddiol, a gweld yr holl aduniadau emosiynol yn brofiad graffig iawn a ddaeth yn ôl â llawer atgof am fy mhrofiadau yn Antigua a Mauritius wedi cwblhau mordaith hir.

Enillwyr y ras o ddigon oedd y cwch *Gold Coast Australia*, o dan arweiniad y sgipar o Tasmania, Rich

Hewson. Er gwaetha'r perfformiad gwael tra oeddwn i'n rhan o'r criw ar y Cefnfor Tawel, gorffennodd *Visit Finland* yn ail. Yn y seremoni wobrwyo, cefais ymuno â'r criw am y tro olaf ar y llwyfan i glywed cymeradwyaeth y gynulleidfa wrth gasglu'r wobr. Roeddwn i'n falch dros ben o lwyddiant Ollie. Roedd o'n ei lawn haeddu. Bu'r noson o ddathlu a hel atgofion a ddilynodd yn epig!

Awst 2012

Gwylio'r sêr

*Don't measure yourself by what you have accomplished, but by what you
should have accomplished with your ability.*
John Wooden

Yng nghanol cyffro'r Gemau Olympaidd daeth y cyfle i
ailymuno ag Andrew a'i griw ar *La Réponse* ar gyfer ras ar
draws y Sianel. Hwn oedd y tro cyntaf i mi gael bod yn ôl yn
eu plith eleni. Gan adael Cowes ac anelu am Cherbourg yn
Ffrainc cawsom dywydd ffafriol dros ben, a adawodd i ni
fwynhau gwylio'r haul yn machlud dros y gorwel cyn i sêr
wrth y degau ddisgleirio uwch eich pen.

Doedd yna ddim cyfle i aros yn Cherbourg – dim ond
troi o amgylch bwi a oedd yn ddigon agos i'r lan i ni fedru
arogli'r garlleg cyn brysio'n ôl am Cowes. Ond roeddwn
wrth fy modd yn cael bod yn ôl yn rhan o'r criw, gan
fwynhau ailymuno â'r hen drefn a'r sgwrs. Ac er i mi ond cael
dwy awr o gwsg yn ystod ras a barodd saith awr ar hugain,
roeddwn yn llawn egni a brwdfrydedd ac am gael
mwynhau'r cyfan oll. Gwell fyth oedd bod yn ôl ymhlith
criw cystadleuol, a chael gorffen yn ail yn ein dosbarth ac yn
bedwerydd yn y fflyd. Roedd blas arbennig ar y siampên a
gafwyd ar ddiwedd y ras i ddathlu medal aur yr hwyliwr
anhygoel Ben Ainslie.

Prin iawn oedd y brwdfrydedd i ganolbwyntio ar waith dros gyfnod y Gemau Olympaidd. Byddai un llygad yn barhaus ar y we yn dilyn y cystadlaethau yn hytrach nag yn canolbwyntio'n llwyr ar ysgrifennu adroddiadau. A diolch i Wil Jones, un o'm ffrindiau Cymraeg yn y ddinas fawr ddrwg, am y cyfle i gael profi bwrlwm a chyfro'r gemau'n fyw yn hytrach nag ar y bocs, neu ar y we ac yn y papurau. Drwy law Wil y daeth y cyfle i'r ddau ohonom fynd i wylio cystadleuaeth derfynol plymio cydamseredig y dynion. Er nad oeddwn i'n gyfarwydd o gwbwl â'r rheolau na'r ffordd o sgorio teimlwn ar ben fy nigon o gael ymweld â'r pentre Olympaidd a phrofi'r cyffro, gan edmygu ganwaith drosodd dalent a sgìl pob un, heb sôn am eu hymroddiad i gyrraedd y brig a chael cystadlu ymhlith y goreuon.

Er gwaetha'r ofnau a'r rhagolygon negyddol bu'r gemau'n llwyddiant eithriadol. Dyma gyfnod a ddangosodd gymaint y mae'r wasg yn medru dylanwadu ar ysbryd cenedl gyfan ac roedd yna ryw awyrgylch hapus, hwyliog, llawn gobaith drwy Brydain benbaladr.

I ferched ar draws y byd, bu Gemau Llundain yn llwyddiant hefyd – y rhain oedd y gemau cyntaf lle roedd merched yn aelodau o dimau pob un wlad oedd yn cystadlu, gyda Saudi Arabia, Qatar a Brunei yn dewis merched i gystadlu am y tro cyntaf. Yn ogystal, drwy gynnal cystadleuaeth focsio i fenywod, rhain oedd y gemau cyntaf i ferched fedru cystadlu ym mhob un o'r campau. Allan o'r 65 o fedalau a enillodd Prydain, enillwyd 26 ohonynt gan ferched – deuddeg aur, wyth arian a chwe efydd. A daeth sêr fel Jessica Ennis, Lizzie Armitstead, Beth Tweddle, Victoria Pendelton a Nicola Adam yn enwau cyfarwydd ar ein haelwydydd. Gobeithio mai gwir waddol Llundain 2012 fydd gweld merched ifanc yn eu harddegau yn uniaethu ag arwyr talentog yn y byd chwaraeon – rhai sy'n gweithio'n ddiddiwedd i gyrraedd y brig yn hytrach na'r selébs a welwn ar dudalennau cylchgronau a rhaglenni teledu fel *Big Brother* ac *I'm a Celebrity ... Get Me Out of Here.*

Bu Llundain 2012 yn llwyddiant ysgubol i Gymru hefyd. Enillwyd saith medal gan y deg ar hugain o Gymry a ddewiswyd i fod yn rhan o dîm Prydain Fawr, tair yn fwy nag a enillwyd yn Beijing bedair blynedd ynghynt, a'r nifer mwyaf erioed i Gymru eu hennill. Cipiodd Jade Jones fedal aur yn Tae Kwon Do, enillodd Fred Evans fedal arian yn bocsio, a chafodd Geraint Thomas fedal aur am feicio. Tom James a Chris Bartley wedyn yn y rhwyfo, Hannah Mills yn yr hwylio a Sarah Thomas yn sgorio'r gôl a enillodd fedal efydd i dîm hoci Prydain.

Mae'n werth cofio bod pump o'r saith medal hynny wedi cael eu hennill gan aelodau o dimau'n cynrychioli Prydain. Nid yw hyn yn tynnu oddi ar lwyddiant pob unigolyn, wrth gwrs. Rhaid llawenhau o weld Cymru'n cyrraedd y brig drwy gydchwarae'n rhan o dîm Prydain hefyd, ysgwydd wrth ysgwydd. Sut fyddai tîm Cymreig yn cystadlu o dan y Ddraig Goch wedi perfformio? Does wybod. Ond mae sgil effeithiau llwyddiant ar blatfform byd-eang yn ymestyn ymhell y tu hwnt i unrhyw ddadl am wledydd unigol, ac mae'n rhaid cofio hynny nes y medrwn gystadlu dan ein baner ein hunain.

Gwelwyd hyn yn sgil llwyddiant ysgubol Mo Farah wrth iddo ennill dwy fedal aur am redeg 5,000 a 10,000 metr. Er mai Somaliad yw Mo yn enedigol, o dan faner Prydain roedd o'n cystadlu, er ei fod bellach yn byw ac yn ymarfer yn America. Er hyn oll, ymfalchïodd Somalia gyfan yn llwyddiant Mo. Dewisodd Mo ad-dalu'r gefnogaeth a gafodd o Somalia drwy ddangos ei werthfawrogiad i'r wlad gyfan, er gwaetha'r trafferthion sy'n rhwygo'r wlad.

Yn ogystal, cadwodd Mo yn driw i'w gred, gan ddisgyn ar ei liniau i offrymu gweddi i Allah ar ôl pob buddugoliaeth. Bydd hyn yn siŵr o adnewyddu hyder ieuenctid Somalia, a phrofi ei bod yn bosib cyfuno magwraeth â'r ffydd Fwslemaidd yn y Brydain fodern. Bydd datganiad agored o'i gred hefyd, gobeithio, yn cyfleu i Brydain oll fod modd aros yn driw i unrhyw grefydd ac integreiddio i'r gymuned ehangach yr un pryd.

Ddiwrnod ar ôl ei lwyddiant yn ennill ei ail fedal aur, roedd Mo yn rhan o gynhadledd yn Downing Street mewn ymdrech i sicrhau cefnogaeth arweinwyr y byd a phobl fusnes i atal 25 miliwn o blant dan bump oed rhag dioddef problemau iechyd o achos prinder bwyd a newyn, a hynny erbyn Gemau Olympaidd Rio yn 2016. Roedd Mo a'i wraig eisoes wedi sefydlu elusen i ymateb i'r newyn yn Somalia, a'i lwyddiant Olympaidd yn rhoi llais iddo fedru dylanwadu ar faterion ehangach na materion y trac rhedeg yn unig.

Rwy'n bendant yn un a ysbrydolwyd gan y gemau yn Llundain ac am ddyfalbarhau â'r ysfa i ymdrechu ymhellach er mwyn profi anturiaethau bywyd na feddyliais y byddai merch ffarm o gornel fach arbennig o Gymru'n medru eu gwneud. A bydd y Gemau Paralympaidd yn siwr o ategu'r uchelgais hwnnw yn fwy fyth.

I prefer to see my life as a tree,
branching out in who knows what directions.
There is never a destination, just the impulse to grow.
Chrissie Wellington

If

If you can keep your head when all about you
Are losing theirs and blaming it on you,
If you can trust yourself when all men doubt you,
But make allowance for their doubting too;
If you can wait and not be tired by waiting,
Or being lied about, don't deal in lies,
Or being hated, don't give way to hating,
And yet don't look too good, nor talk too wise:

If you can dream – and not make dreams your master;
If you can think – and not make thoughts your aim;
If you can meet with Triumph and Disaster
And treat those two impostors just the same;
If you can bear to hear the truth you've spoken
Twisted by knaves to make a trap for fools,
Or watch the things you gave your life to, broken,
And stoop and build 'em up with worn-out tools:

If you can make one heap of all your winnings
And risk it on one turn of pitch-and-toss,
And lose, and start again at your beginnings
And never breathe a word about your loss;
If you can force your heart and nerve and sinew
To serve your turn long after they are gone,
And so hold on when there is nothing in you
Except the Will which says to them: 'Hold on!'

If you can talk with crowds and keep your virtue,
Or walk with Kings – nor lose the common touch,
If neither foes nor loving friends can hurt you,
If all men count with you, but none too much;
If you can fill the unforgiving minute
With sixty seconds' worth of distance run,
Yours is the Earth and everything that's in it,
And – which is more – you'll be a Man, my son!

Rudyard Kipling

Cyfrol gyntaf Elin Haf:

Rhestr hir Llyfr y Flwyddyn 2011

Anturiaethau rygbi a rhwyfo

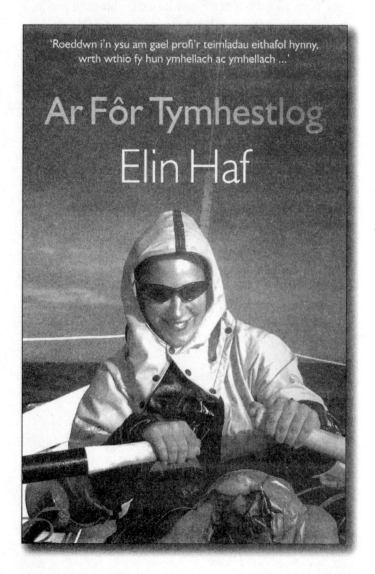

'Roeddwn i'n ysu am gael profi'r teimladau eithafol hynny, wrth wthio fy hun ymhellach ac ymhellach ...'

Ar Fôr Tymhestlog

Elin Haf